Margerit Jursenar
VATRE

REČ I MISAO
KNJIGA 521

S francuskog preveo
JOVICA AĆIN

MARGERIT JURSENAR

VATRE

IZDAVAČKO PREDUZEĆE „RAD"
BEOGRAD

Izvornik

Marguerite Yourcenar
FEUX
Gallimard, Paris, 1975

PREDGOVOR

Doslovno govoreći, *Vatre* nisu mladalačka knjiga. Napisana je 1935; imala sam trideset i dve godine. Objavljen 1936, rad se, gotovo neizmenjen, ponovo pojavio 1957. godine. Ništa nije bilo menjano u tekstu ni za ovo izdanje.

Proizvod krize izazvane strašću, *Vatre* izgledaju kao zbirka ljubavnih pesama ili, ako više volite, kao niz lirskih proza međusobno povezanih izvesnim pojmom ljubavi. Kao takvom, radu nije potreban nikakav komentar, budući da je totalna ljubav koja se svojoj žrtvi nameće istovremeno kao bolest i kao vokacija oduvek iskustvena činjenica i jedna od najpročešljanijih tema književnosti. Najviše na šta se može podsetiti jeste da svaka proživljena ljubav, poput one iz koje je potekla ova knjiga, nastaje a zatim se oslobađa, unutar neke date situacije, pomoću složene smeše osećanja i okolnosti koje u nekom romanu formiraju samu potku pripovesti, dok u pesmi pak sazdaju polazište pevanja. Ta se osećanja i te okolnosti u *Vatrama* izražavaju čas neposredno, ali dovoljno prikriveno, izdvojenim „mislima" koje su, većinom, najpre bile beleške u intimnom dnevniku, čas naprotiv — posredno, pripovedanjima preuzetim iz predanja ili istorije i namenjenim da pesniku posluže kao oslonci na putu kroz vreme.

Svi mitski likovi ili stvarne ličnosti, evocirane u ovim pripovestima, pripadaju antičkoj Grčkoj, osim Marije Magdalene, smeštene u judejsko-sirijski svet u kojem je oblikovano hrišćanstvo i koji su renesansni i barokni slikari, u tome realističniji nego što bi se poverovalo, uvek voleli da nasele divnim klasičnim zdanjima, divnim zavesama i lepim golim telima. U različitoj meri, sve ove pripovesti modernizuju prošlost; izvesne se, osim toga, nadahnjuju prelaznim stanjima kroz koja su ti mitovi ili ta predanja prošla pre nego što će dospeti do nas, tako da je „antičko" u pravom smislu te reči u *Vatrama* često samo prvi jedva vidljivi sloj. Fedra nikako nije atinska Fedra; to je vatrena zločinka koju dugujemo Rasinu. Ahil i Patroklo sagledani su manje po Homeru nego prema pesnicima, slikarima i skulptorima iz razdoblja između homerske antike i nas; te dve pripovesti, mestimično prošarane bojama XX stoleća, izbijaju, uostalom, na vanvremeni onirički svet. Antigona je preuzeta onakva kakva je u grčkoj drami, ali od svih pripovesti nizanih u *Vatrama* taj košmar građanskog rata i pobune protiv nepravednog autoriteta možda je najnakrcaniji savremenim ili gotovo anticipativnim elementima. Povest o Leni nadahnjuje se onim malo što se zna o istoimenoj kurtizani koja je, 525. godine pre naše ere, sudelovala u Harmodijevoj i Aristogitonovoj zaveri, ali lokalna boja savremene Grčke i opsesija građanskim ratovima našeg vremena maltene u potpunosti prekrivaju u ovoj pripovesti sedru VI stoleća. Klitemnestrin monolog u homersku Mikenu inkorporira rustičnu Grčku iz vremena grčko-turskog sukoba 1924. godine ili ispada na Dardanelima. Fedonov potiče iz podatka Diogena Laertija o mladićstvu tog Sokratovog učenika; noćna Atina iz 1935. godine nadograđuje se na tu Atinu iz zlatne mladosti Alkibijadovog vremena. Povest o Mariji Magdaleni oslanja se na predanje spomenuto u *Zlatnoj legendi* (uostalom, odbačeno kao neautentično od strane autora te pobožne zbirke), po kome je svetica bila verenica svetog Jovana, koju će ovaj napustiti da bi sledio Isusa; Bliski istok, evociran u toj pripovesti na rubu apokrifnih jevanđelja, jeste onaj skorašnji i vajkadašnji, ali metafore ili semantičke dvosmislice uvode mestimice u nju anahrone modernizme. Sapfina pustolovina vezana je za Grčku potpuno izmišljenom legendom o samoubistvu pesnikinje zbog nekog neosetljivog lepotana, ali ova Sapfo akrobatkinja pripada međuratnom internacionalnom svetu zadovoljstva, a slučaj s travestitom vezuje se pre za šekspirovske komedije nego za grčke teme. Izrazita sklonost prema duplom eksponiranju svuda u *Vatrama* meša prošlost sa sadašnjošću koja i sama biva prošlost.

Svaka knjiga nosi svoj datumski žig, i dobro je što je tako. Ta uslovljenost rada vremenom kojem pripada ispunjava se na dva načina: s jedne strane, bojom i mirisom same epohe čijim je životom autor rada više ili manje prožet; s druge, naročito kada je reč o još mladom piscu, složenom igrom književnih uticaja i reakcija na te iste uticaje, i nije uvek lako međusobno razlučiti te različite oblike prožimanja. U *Fedonu ili zanosu.* bez teškoća otkrivam uticaj sladostrasnog humanizma Pola Valerija, zastirući ovde njegovom divnom površinom jednu nipošto valerijevsku žestinu*. Propeta silovitost *Vatri* reaguje hotimično ili nehotično protiv Žirodua, čija me je ingeniozna i poparižena Grčka ljutila kao sve što nam je u isti mah sasvim suprotno i veoma blisko; vidim da je danas opšta osnova antike skrojene po modernom ukusu učinila zanemarljivom, osim za najpažljivijeg čitaoca, tu duboku različitost između žiroduovskog sveta tako dobro uklopljenog u francusku tradiciju i delirantnijeg sveta kakav sam ja pokušala da oslikam. Koktoa sam, naprotiv, volela; bila sam osetljiva na njegov mistifikatorski i čarobnički genije; ljutila sam se na njega, medutim, što se prečesto spušta na puke opsenarske veštine. Nadmena otvorenost ličnosti koja, s maskom ili bez nje, govori u *Vatrama,* drska volja da se obraća samo već stečenom ili osvojenom čitaocu, predstavljaju opiranje izvesnim učenim i lakim kompromisima. Koktoov primer me je zacelo ohrabrio da upotrebim veoma stari postupak lirskog kalambura, koji su, nekako u isto vreme i donekle različito, ponovo iznašli nadrealisti. Ne veru-

---

* O ovom zanimanju za Valerijevo delo svedoči aluzija na »veličanstvenog Pola« u prvoj skupini misli. Valerijevska formula s kojom se ta misao hvata ukoštac nalazi se u *Choses tues,* 1932.

jem da bih se usudila na ta verbalna preterivanja, koja u *Vatrama* odgovaraju tematskom podvostručavanju, duplom eksponiranju, o čemu sam ranije govorila, da mi pesnici moga vremena, a ne samo prošlosti, nisu za to pružili primer. Ostale sličnosti, naoko dugovane savremenim književnim dodirima, potiču – na šta sam maločas ukazala – od samog života.

Tako strast prema spektaklu, u njegovom trostrukom vidu baleta, mjuzikhola i filma, zajednička celom naraštaju koji je 1935. godine imao nekih tndesetak godina, objašnjava zašto se u *Ahilu ili obmani* tipično onirička pripovest o Ahilovom i Misandrinom silaženju stepenicama kule vezuje za opis hodanja po konopcu onog gotovo krilatog Barbeta koji za sobom vuče klasične draperije pobeda i koga ću, kasnije na Floridi, ponovo videti kako, izobličen usled nekog užasnog pada, svojoj umetnosti podučava ekvilibriste cirkusa Barnum; ili opet, u *Fedonu ili zanosu,* zašto se jedan kabaretski ples združuje s plesom zvezda. Za tu atmosferu zastrašujućih igara karakteristično je i da je, u *Patroklu ili sudbini,* dvoboj Ahila i Amazonke predstavljen kao barokni balet priređen u stilu Đagiljeva ili Masine i „mitraljeski" kadriran onako kako bi to snimili sineasti. Anticipacijom koja je i sama odlika doba, u *Antigoni ili izboru* svetlosni snopovi, prateći na pozornici knjige evolucije neke prvobitne teme, na putu su već da postanu zloslutni reflektori koncentracionih logora: ta senzibilizacija za političku opasnost koja je pritisla svet ostavila je kod izvesnih pesnika i romansijera pred drugi svetski rat neosporne tragove; prirodno je da *Vatre,* kao svaka druga knjiga iz istog doba, sadrže bačene senke.

Daljnja analiza ne bi dala, bez sumnje, išta više sem čisto biografskog taloga: verovatno je jedino za mene važno da je *Sapfo ili samoubistvo* tekst proizišao iz varijetskog spektakla u Peri i bio napisan na palubi trgovačkog broda usidrenog u Bosforu, dok se na gramofonu grčkog prijatelja neumorno vrtela popularna i otrcana američka pesma: *„He goes through the air with the greatest of ease, the daring young man of the flying trape-*

8

ze"*; isto je tako odveć malo važno da li su se ove primese pomešale s legendom o antičkoj pesnikinji, sa sećanjem na renesansne travestite, s odjekom na jedine dobre stihove koje poznajem od tog virtuoza-maštara kakav je bio Banvil na temu klovna lansiranog usred neba, s jednim divnim Degaovim crtežom i, najzad, s izvesnim brojem kosmopolitskih spodoba koje su u to vreme pohodile carigradske barove. Jedino zbog tog gledišta čisto književne egzegeze vredi možda zabeležiti da Atina u *Vatrama* ostaje ona u kojoj su moje jutarnje šetnje po antičkom groblju Keramiku, s njegovom razuzdanom travom i zapuštenim grobovima, bile orkestrirane šumnom škripom iz susednog tramvajskog depoa; u kojoj su gatare u sirotinjskim četvrtima proricale iz taloga turske kafe; u kojoj je grupica mladih muškaraca i žena, među kojima su izvesni bili određeni uskoro za naglu ili sporu smrt, završavala dugu dokonu noć, okrepljivanu pokatkad rasprama o građanskom ratu u Španiji ili o poredbi vrednosti neke zvezde nemačkog filma i njene švedske rivalke, idući potom, pomalo pijani od vina i istočnjačke muzike iz taverni, da gledaju zoru kako se diže nad Partenonom. Zbog nekog nesumnjivo po sebi već veoma banalnog optičkog učinka, te stvari i bića koja su onda bila živa zbilja izgledaju mi danas dalja i razorenija vremenom nego mitovi i tavne legende s kojima sam ih pomešala za trenutak.

Stilistički govoreći, *Vatre* pripadaju nategnutom i kićenom načinu kojim sam se služila u to vreme, alternativno s onim, gotovo preterano diskretnim, klasične priče. Danas podjednako udaljena od jednog i drugog, govorila sam drugde o tome što mi se još čini vrlinom klasičnog pripovedanja na francuski način, o njegovom apstraktnom izražavanju strasti, o prividnoj ili stvarnoj kontroli na koju ono obavezuje svog autora. Ne sudeći unapred o vrednostima ili manama *Vatri,* stalo mi je isto tako da kažem da mi se gotovo preterani ekspresioni-

---

* Doslovno: »Ide kroz zrak s najvećim spokojstvom, smeli mladić na letećem trapezu.« *(Prev.)*

zam ovih pesama i dalje ukazuje kao oblik prirodnog i nužnog priznanja, kao legitimni napor da se ništa ne izgubi od složenosti jedne emocije ili njenog žara. Ta sklonost koja istrajava i ponovo se rađa sa svakim dobom u svim književnostima, uprkos mudrim purističkim ili klasičnim ograničenjima, napinje se, možda himerički, da potpuno stvori pesnički jezik u kojem bi svaka reč ispunjena maksimumom smisla razotkrivala svoje skrivene vrednosti kao što pod izvesnim osvetljenjem fosforescira kamenje. Reč je uvek o tome da se osećanje ili ideja konkretizuje u oblike koji sami po sebi postaju *dragoceni* (termin je po sebi otkrivalački), poput dragog kamenja koje svoju gustinu i sjaj duguje gotovo nepodnošljivim pritiscima i temperaturama kroz koje je prošlo, ili da se u jeziku postignu znalačke teorije kakve su izvođene na renesansnim tvorevinama od gvožđa, čiji su složeni spletovi bili najpre od usijanog železa. Loša je strana ovih verbalnih drskosti što se onaj koji im se odaje večno izlaže opasnosti zloupotrebe i krajnosti, sasvim kao što se pisac zavetovan klasičnim litotama neprestano češe o opasnost krute elegancije i hipokrizije.

Ako čitalac često vidi samo preciznost u lošem smislu reči u onome što bih rado nazvala barokni ekspresionizam, to znači da je pesnik u devet od deset slučajeva popustio u stvari želji da začudi, da se dopadne ili ne dopadne po svaku cenu; ponekad je takođe taj isti čitalac nesposoban da ide do kraja ideje ili emocije koju mu pesnik nudi i bez razloga vidi samo nategnute metafore ili hladne afektacije. Nije Šekspirova krivica već naša ako, kada pesnik poredi u *Sonetima* svoju ljubav prema onome kome ih upućuje s grobom okićenim trofejima njegovih bivših strasti, ne osećamo nad sobom lepršanje svih barjaka iz elizabetinskog doba. Nije Rasinova krivica već naša ako nas čuveni stih koji izgovara Pir zaljubljen u Andromahu, *Spaljen većim ognjem nego onaj koji sam užegao*, ne podstiče da iza tog očajnog ljubavnika vidimo Troju u ogromnom požaru i osetimo u onome što samo ljudima od ukusa ne izgleda površna dvosmislica nedostojna velikog Rasina tavni povratak samome sebi čoveka koji je bio nemilosrdan i koji počinje da shvata šta je to bol. Taj nas stih u kojem Rasin, postupkom čestim kod njega, oživljava metaforu vatre ljubavi, već istrošenu u njegovo vreme, vraćajući joj sjaj istinskog plamena, upućuje na tehniku lirskog kalambura, koja omogućava da se u istoj reči pojavi takoreći obris dve grane jedne parabole. Vratimo se *Vatrama*. Ako Fedra za svoj silazak u Pakao dobija pomagala koja su u isti mah vesla Haronova i kompozicije metroa, to je otuda što je ljudska bujica koja se kovitla u trenucima navale u podzemnim hodnicima naših gradova za nas možda najstravičnija slika reke senki; ako je Tetida u isti mah majka i more *[la mere, la mèr]*, to je otuda što ta dvosmislica – koja uostalom ima smisla jedino u francuskom – u jednu celinu spaja dvostruki vid Tetide majke Ahilove i Tetide božanstva valova. Mogla bih nabrajati još mnoge primere, koji u *Vatrama* vrede ono što vrede. Važno je pokušati da se u ovim igrama (gde smisao jedne reči, u stvari, *igra u* njenom sintaksičkom sklopu) pokaže ne neki promišljeni oblik izveštačenosti ili šegačenja nego – kao u frojdovskom lapsusu ih dvostrukim i trostrukim asocijacijama ideja u ludilu i snu – refleks pesnika u koštacu s nekom temom za njega naročito bogatom u emocijama i opasnostima. U jednom svom skorašnjem radu, dalekom od svakog istraživanja stila, tim pre od svakog stilističkog poigravanja, spontano, ne sluteći da će iz toga proizići kalambur, dala sam tamničaru zatvora u kojem umire junak knjige ime Herman Mor.

Uzalud ističem (što je u osnovi, međutim, istina) da nekoj zbirci pesama o ljubavi nisu potrebni komentari, pa znam da izgleda kao da zaobilazim prepreku raspravljajući toliko opširno o stilističkim ili tematskim karakteristikama, konačno sporednim, a prećutkujući strasno iskustvo koje je nadahnulo knjigu. No, sem toga što osećam, da je smešno odveć opširno komentarisati rad koji sam želela da nikada ne bude čitan, nije mesto da se ispituje da li totalna ljubav za neko posebno biće, s onim što ona sadrži od rizika za sebe i za drugog, od neizbežne prevare, autentičnog samopregora i autentične smernosti, ali i od latentnog nasilja i egoističke potrebe, zaslužuje ili ne uzneseno mesto koje su joj pridavali pesnici. Izgleda očigledno da ovaj pojam lude ljubavi, ponekad skandalozne, ali ipak prožete nekom vrstom mistične vrline, nikako ne može da se održi sem povezan s ma kakvim oblikom vere u transcendenciju, makar samo u okrilju ljudske ličnosti, i da jednom lišena podloge danas prezrenih metafizičkih i moralnih vrednosti, možda zato što su ih naši prethodnici zloupotrebljavali, luda ljubav brzo prestaje da bude išta drugo sem uzaludna igra ogledala ili tužna manija. U *Vatrama*, gde sam verovala da samo slavim jednu veoma konkretnu ljubav, ili je možda isterujem poput demona, idolatrija voljenog bića se veoma vidljivo vezuje za apstraktnije, ali ništa manje intenzivne strasti koje ponekad pretežu nad sentimentalnom i putenom opsednutošću: u *Antigoni ili izboru*, Antigonin izbor je pravda; u *Fedonu ili zanosu*, zanos je zanos saznanja; u *Mariji Magdaleni ili spasu*, spas je Bog. Nema tu sublimacije, kako bi to htela neka zaista nesrećna formula, i uvredljiva prema samoj puti, nego nejasnog opažanja da je ljubav prema određenoj ličnosti, tako bolna, često samo lep prolazni udes, u izvesnom smislu manje stvaran od sklonosti i izbora koji mu i prethode koji će ga nadživeti. Gledano kroz plahovitost i neusiljenost neodvojivih od ove vrste bezmalo javnih priznanja, danas mi se čini da *Vatre* sadrže istine naslućene rano, ali za koje potom celi život neće biti dovoljan da se ponovo pronađu i overe. Ovaj bal pod maskama bio je jedna od etapa u izvesnom osvešćenju.

2. novembra 1967. godine

Nadam se da ova knjiga nikada neće biti čitana.

*

Među nama je više od ljubavi: saučesništvo.

*

Kad si odsutan, tvoja se figura širi dotle da ispunjava vaseljenu. Prelaziš u fluidno stanje, stanje utvara. Kad si prisutan, ona se zgušnjava; domašaš koncentracije najtežih metala, iridijuma, žive. Umirem od tog tereta kad mi padne na srce.

*

Veličanstveni Pol se prevario. (Govorim o velikom sofisti, a ne o velikom propovedniku.) Za svaku misao, za svaku ljubav koja bi možda klonula prepuštena sebi, postoji jedan osobito jak lek: *sav ostali svet*, koji joj se suprotstavlja i koji je ne zaslužuje.

*

Usamljenost... Ne verujem kao što oni veruju, ne živim kao što oni žive, ne volim kao što oni vole... Umreću kao što oni umiru.

*

Alkohol otrežnjava. Posle nekoliko gutljaja konjaka ne mislim više na tebe.

FEDRA ILI BEZNAĐE

Fedra sve izvršava. Prepušta svoju majku biku, svoju sestru usamljenosti: ti oblici ljubavi je ne zanimaju. Napušta svoju zemlju kao što se drugi odriču svojih snova; odriče se svoje porodice kao što drugi trguju svojim uspomenama. U toj sredini gde je nevinost zločin, ona s odvratnošću prisustvuje onome što će sama najzad postati. Njena sudbina, viđena spolja, užasava je: poznaje je još samo u obliku natpisa na zidu Lavirinta: bekstvo se otima od svoje grozne budućnosti. Rasejano se udaje za Tezeja, kao što je sveta Marija Egipćanka svojim telom platila za prelaz; pušta da na zapadu u basnoslovnu maglu utonu gorostasne klanice nekakve njene kritske Amerike. Iskrcava se, prožeta mirisom ranča i otrova s Haitija, ne sluteći da sa sobom nosi gubu stečenu u žarkim tropima srca. Ugledavši Hipolita, njeno zaprepašćenje je preneraženost putnice koja se, ne znajući, našla ne mestu odakle je pošla: profil ovog deteta podseća je na Knosos, i na sekiru sa dve oštrice. Mrzi ga, podučava ga; on raste kraj nje, suzbijan njenom mržnjom, oduvek svikavan da se pazi žena, prisiljen još od gimnazije, još od novogodišnjih praznika, da preskače prepreke kojima ga opkoljava neprijateljstvo maćehe. Ona je ljubomorna na njegove strele, to jest njegove žrtve, na njegove drugove, to jest njegovu usamljenost. U toj prašumi koja je Hipolit, protiv svoje volje ona pobada putokaze za dvorac Minojev; kroz to šiblje obeležava put s jednim jedinim smerom: Sudbina. U svakom trenutku ona stvara Hipolita; njena ljubav je zapravo rodoskvrnuće; ona ne može da ubije tog dečaka a da to ne bude sinoubistvo.

Umišlja njegovu lepotu, njegovu čednost, njegove slabosti; izvlači ih duboko iz sebe; odvaja od njega tu gnusnu čistotu da bi je mogla mrzeti u liku neke otužne device: ona od glave do pete kuje nepostojeću Ariciju. Opija se ukusom nemogućeg, jedinog alkohola koji uvek služi za osnovu svim smešama nesreće. U Tezejevoj postelji ima gorko zadovoljstvo da vara u stvari onoga koga voli, a u mašti onoga koga ne voli. Majka je: ima decu kao što bi imala grižu savesti. Među čaršavima vlažnim od groznice teši se pomoću ispovedanih šaputanja kojima je poreklo u priznanjima iz detinjstva promucanim u vrat dojkinje; ona sisa svoju nesreću i najzad postaje jadna Fedrina sluškinja. Pred Hipolitovom hladnoćom podražava sunčev zrak koji se odbija od kristala: pretvara se u sablast; svoje telo naseljava kao sopstveni pakao. Duboko u sebi rekonstruiše Lavirint u kome joj jedino preostaje da pronađe sebe: Arijadnina nit joj ne dozvoljava više da iz njega iziđe pošto je namotava na srce. Postaje udovica; najzad može da plače a da je ne pitaju zašto; ali crnina ne leži tom tavnom liku: kivna je na svoju žalost zato što menja njenu bol. Oslobođena Tezeja, svoju nadu nosi kao sramnu posmrtnu trudnoću. Predaje se politici da bi se odvojila od sebe: prihvata namesništvo kao što bi započela da sebi plete ogrtač. Tezejev povratak zbiva se odveć dockan da bi je vratio u svet obrazaca u koji se sklanja taj državnik; u taj svet ona može da se ponovo vrati samo kroz pukotinu jedne smicalice; s radošću izmišlja silovanje za koje optužuje Hipolita, tako da je za nju njena obmana zadovoljavanje. Ona zbori istinu: trpela je najgore uvrede; njena prevara je prevod. Uzima otrov pošto je postala imuna na samu sebe; Hipolitov nestanak stvara prazninu oko nje; usisana tom prazninom, ponire u smrt. Pre nego što će umreti, ispoveda se da bi poslednji put imala zadovoljstvo da govori o svom zločinu. Ne mičući se s mesta, ona stiže u porodični dvorac gde je krivica nevinost. Nošena metežom svojih predaka klizi duž podzemnih hodnika tog metroa, punih zverskog mirisa, gde vesla seku masnu vodu Stiksa, gde blistave šine jedino preporučuju samoubistvo ili polazak. U dubokim galerijama majdana njenog podzemnog Krita, ona će na kraju sresti mladića izobličenog njenim divljačnim ujedima, pošto su je, da bi ga stigla, date sve prečice večnosti. Nije ga videla još od velikog prizora iz trećeg čina; zbog njega ona je mrtva; zbog nje on nije živeo; on joj duguje samo smrt; ona mu duguje grčeve beskrajnog hropca. Ona ima pravo da ga smatra odgovornim za svoj zločin, za svoju sumnjivu besmrtnost na usnama pesnika koji će se služiti njome da bi izrazili svoje sklonosti prema rodoskvrnuću, kao što vozač dok leži na putu, smrvljene lobanje, može da optužuje drvo na koje je naleteo. Poput svake žrtve, on je bio njen krvnik. Konačne reči će se najzad odlepiti s njenih usana koje više ne potresa nada: Šta će reći? Bez sumnje, hvala.

U avionu, blizu tebe, ne plašim se više opasnosti. Umire se jedino sam.

*

Nikada neću biti pobeđena. Biću pobeđena jedino pobeđujući. Svaka osujećena zamka zatvara me u ljubav koja će najzad biti moj grob, život ću završiti u tamnici sazdanoj od pobeda. Jedino poraz otkriva ključeve, otvara vrata. Da bi domašila begunca, smrt mora da se pokrene, da izgubi svoju nepomičnost koja nas navodi da u njoj prepoznajemo krutu suprotnost životu. Ona nam pruža kraj labuda pogođenog u punom letu, kraj Ahila ulovljenog za kosu zbog ko zna kojeg mračnog Razloga. Kao za ženu ugušenu na tremu svoje kuće u Pompejima, smrt samo produžava u drugi svet hodnike bekstva. Moja će mi smrt biti od kamena. Poznajem mostiće, pokretne mostove, klopke, sve potkope Sudbine. Tu se ne mogu izgubiti. Da bi me ubila, smrti je neophodno moje saučesništvo.

*

Jesi li zapazio da se ustreljeni skljokaju, padaju na kolena? Omlitavljuju uprkos konopcima, povijaju se kao da se naknadno obeznanjuju. Poput mene su. Obožavaju svoju smrt.

*

Nema nesrećne ljubavi: poseduje se samo ono što se ne poseduje. Nema srećne ljubavi: ono što se poseduje, to se ne poseduje više.

17

*

Nemam se čega bojati. Dotakla sam dno. Od tvog srca
ne mogu pasti niže.

AHIL ILI OBMANA

Pogasili su sve svetiljke. U donjoj dvorani služavke su nasumice splitale niti neočekivanog tkanja koje se pretvaralo u tkanje Parki; jedan izlišan vez visio je o rukama Ahilovim. Crna haljina Misandrina više se nije razlikovala od Dejdamijine crvene: Ahilova bela haljina bila je zelena na mesečini. Počev od dolaska te mlade strankinje u kojoj su sve žene naslutile nekog boga, strah se bio uselio na Ostrvo poput senke koja počiva pod nogama lepote. Dan više nije bio dan, već plava maska navučena na mrak; ženska prsa postajala su oklopi na grudima vojnika. Čim je u očima Jupiterovim Tetida videla kako se odigrava film bitaka u kojima će Ahil podleći, potražila je po svim morima sveta neko ostrvo, stenu, postelju dovoljno nepromočivu da bi plivala na budućnosti. Uzbuđena boginja prekinula je podmorske kablove koji su na Ostrvo prenosili potres bitaka, razbila svetionik koji je vodio brodovlje, naletima oluje rasterivala ptice selice koje su njenom sinu donosile poruke braće po oružju. Poput seljanki koje svoje bolesne dečake odevaju u devojačku odoru da bi zavarale Groznicu, ona ga je obukla u svoje božanske tunike da bi njima zavarala Smrt. Taj sin zaražen smrtnošću podsećao ju je na jedinu grešku iz njene božanske mladosti: legla je kraj muškarca ne preduzevši banalnu meru predostrožnosti da ga pretvori u boga. U njemu su bile vidljive crte tog prostog oca oplemenjene lepotom koju je nasledio samo od nje, a koja će mu jednog dana učiniti utoliko mučnijom obavezu da umre. Odeven u svilu, prekriven velovima, optočen zlatnim ogrlicama, Ahil se po njenoj zapovesti bio uvukao u devojačku kulu; upravo je izišao iz škole Kentaura: umoran od šume, sanjao je o rusim vlasima; sit divljih grudi, sanjao je dojke. Žensko sklonište u koje ga je zatvorila majka postalo je za tog zabušanta uzvišena pustolovina; radilo se o tome da uđe, pod zaštitom steznika ili haljine, u taj prostrani, neistraženi kontinent Žena u koji je muškarac dotle prodirao jedino kao osvajač, i obasjan odsjajima ljubavnih požara. Prebeglica iz logora muškaraca, Ahil je tu došao da bi iskusio jedinu priliku da bude nešto drugo nego što jeste. Za robove, on je pripadao bespolnoj rasi gospodara; Dejdamijin otac pao je u toliku zabludu da je u njemu voleo devicu što on ne beše; jedino su dve rođake odbijale da veruju u tu devojku odveć sličnu idealnoj slici koju neki muškarac ima o ženama. Neuk u stvarima ljubavi, dečak je u Dejdamijinoj postelji započeo šegrtovanje u bitkama, ječanju, lukavstvima; njeno obeznanjivanje nad tom umiljatom žrtvom služilo je kao zamena za jednu strašniju radost koju još nije znao gde da traži, niti koje joj je ime, a koja je bila sama Smrt. Dejdamijina ljubav, Misandrina ljubomora, stvarali su od njega ponovo nešto krajnje suprotno od devojke. Strasti su se talasale u kuli poput marama zavijorenih na povetarcu: Ahil i Dejdamija su se mrzeli poput onih koji se vole; Misandra i Ahil su se voleli poput onih koji se mrze. Ta mišićava neprijateljica postala je za Ahila zamena za brata; taj slasni suparnik umekšavao je Misandru kao neka vrsta sestre. Svaki talas koji je dopirao do Ostrva donosio je poruke: grčki leševi koje su neznani vetrovi bacali po otvorenom moru bili su poput olupina razbijene vojske lišene Ahilove pomoći; reflektori su tragali za njim po nebu pod zvezdanim plaštom. Slava, rat, nejasno nazirani u sumaglicama budućnosti, izgledali su mu kao prohtevne ljubavnice čije bi ga posedovanje prisiljavalo na suviše zločina: verovao je da je skrivši se u ovom ženskom zatvoru umakao molbama svojih budućih žrtava. Velika barka nakrcana kraljevima koja se zaustavila podno ugašenog svetionika bila je samo greben više:

Odisej, Patroklo, Tersit, upozoreni anonimnim pismom, najavili su svoju posetu princezama; Misandra, iznenada predusretljiva, pomagala je Dejdamiji u pričvršćivanju ukosnica u Ahilovu kosu. Njene široke ruke drhtale su kao da je upravo izdala neku tajnu. Širom rastvorena vrata propustila su noć, kraljeve, vetar, nebo posuto znacima. Tersit je dahtao iscrpljen stepeništem od hiljadu basamaka, trljajući rukama svoja šiljasta kolena bogalja: imao je izraz kralja koji bi zbog cicijašluka pristao da bude svoja sopstvena luda. Patroklo, nesiguran pred tim uhodom skrivenim među gospama, pružio je nasumice svoje ruke optočene železom. Odisejeva glava podsećala je na istrošeni, ojedeni, zarđali novčić na kojem su se još videle crte kralja Itake: rukom natklonivši oči, kao sa vrha jarbola, ispitivao je princeze oslonjene o zid poput trostrukog ženskog kipa; a Misandrina kratka kosa, njene krupne ruke kojima je prodrmala ruke vođa, njena neusiljenost učinili su da najpre za nju pomisli da se u njoj krije neki muškarac. Mornari iz oružane pratnje otkovali su sanduke i raspakovali, izmešano s ogledalima, nakitom, emajliranim priborima, oružje koje će nesumnjivo podstaći Ahila da ga se lati i njime razmahne. Ali šlemovi, dok su ih šest nabeljenih ruku pipale, podsećali su na one kojima se služe frizeri; razmekšani kaiševi pretvarali su se u pojaseve; u rukama Dejdamijinim jedan okrugli štit imao je izgled kolevke. Kao da je prerušavanje bilo kob kojoj ništa na Ostrvu nije izmaklo, zlato je postajalo bakar, mornari se pretvarali u travestite, a dva kralja u torbare. Jedini se Patroklo opirao čaroliji, rasecao ju je kao neki goli mač. Dejdamijin usklik divljenja svrati na njega pažnju Ahila, koji skoči prema tom živom maču, uze među svoje ruke snažnu glavu isklesanu poput drške mača, ne zapazivši da su njegovi velovi, narukvice, prstenje pretvorili taj pokret u izraz ljubavnog ushićenja. Vernost, prijateljstvo, junaštvo prestale su da budu reči koje služe licemerima da bi prerušili svoje duše: vernost, bile su to oči i dalje bistre pred tom gomilom obmana; prijateljstvo, bila su njiho-

21

va srca; slava njihova dvostruka budućnost. Porumenevši, Patroklo ustuknu iz tog ženskog zagrljaja: Ahil uzmaknu, pusti da mu ruke padnu, proli suze koje su njegovo prerušavanje u mladu devojku učinile samo savršenijim, ah i dale Dejdamiji novi razlog da bude naklonjenija Patroklu. Potajni pogledi, osmesi koji su hvatani kao ljubavno opštenje, nemir mladog zastavnika skoro potopljenog valom čipki pretvoriše Ahilovu smetenost u mahnitu ljubomoru. Taj mladić odeven u bronzu bacio je u zasenak noćne predstave koje je Dejdamija imala o Ahilu, onoliko koliko je i ratnička odora u njenim ženskim očima nadmašivala bledi sjaj golog tela. Ahil se nevešto maši jednog mača koji odmah ostavi, i da bi za vrat stegao Dejdamiju posluži se svojim rukama devojke zavidljive na uspeh drugarice. Oči pridavljene žene iskočiše poput dve izdužene suze; robovi se umešaše; vrata koja se zatvoriše bučno poput hiljada uzdaha prigušiše poslednje Dejdamijino krkljanje; zbunjeni kraljevi nađoše se s druge strane praga. Ženska soba ispuni se zagušljivom tamom, unutrašnjom, koja nije imala ništa zajedničko s noći. Klečeći, Ahil je osluškivao kako Dejdamijin život otiče iz njenog grla kao voda iz suviše uskog grlića nekog suda. Osećao se odvojeniji nego ikada od te žene koju je pokušavao ne samo da poseduje nego da bude ona: pošto mu je, ukoliko ju je jače stezao u svoj zagrljaj, postajala sve manje bliska, zagonetka da je mrtva nadovezivala se kod nje na tajnu da je žena. S užasom je dodirivao njene dojke, njene bokove, njenu raspuštenu kosu. Diže se, pipajući po zidovima u kojima se nije više otvarao nikakav izlaz, posramljen što u kraljevima nije prepoznao tajne vesnike svoje sopstvene srčanosti, siguran da je propustio svoju jedinu priliku da bude bog. Zvezde, Misandrina osveta, gnev Dejdamijinog oca udružiće se da bi ga zadržali zatočenog u tom dvorcu bez izgleda na slavu: njegovih hiljadu koraka okolo tog leša sačinjavaće ubuduće Ahilovu nepomičnost. Ruke hladne skoro kao Dejdamijine spustiše se na njegovo rame: zaprepašćen, slušao je kako mu Misandra predlaže da pobegne pre nego što se na njega obruši srdžba svemoćnog oca. On poveri ruku dlanu te kobne prijateljice, uskladi hod s korakom devojke koja je u mraku bila kao riba u vodi, i nije znao da li Misandru prožima mržnja ili nejasna zahvalnost, da li ga vodi žena koja se sveti ili žena koju je on osvetio. Krila kapije su se razmakla, zatim se zatvorila: istrošene ploče mirno su se ugibale pod njihovim stopalima kao neka šupljina u talasu; Ahil i Misandra nastavljali su sve brže i brže svoj silazak u spirali, kao da je njihova vrtoglavica bila od sile teže. Misandra je brojala stepenice, glasno je prebirala neku vrstu kamenih brojanica. Najzad su se otvorila jedna vrata prema stenama, nasipima, stepeništu svetionika: vazduh slan poput krvi i suza šiknu u lice neobičnog para ošamućenog tom plimom svežine. S reskim smehom Misandra zaustavi lepo biće koje je prikupljalo haljine, već spremno na skok, i pruži mu ogledalo u kojem mu zora omogući da otkrije sopstveno lice, kao da je pristala da ga izvede na danje svetlo samo zato da bi mu, u odrazu stravičnijem od praznine, podnela bledi i ulepšani dokaz o njegovom nepostojanju kao boga. Ali njegovo mramorno bledilo, njegova kosa koja je lepršala poput perjanice na šlemu, belilo pomešano sa suzama i slepljeno na njegovim obrazima poput krvi ranjenika, sakupljali su, naprotiv, u tom uskom okviru, sve buduće Ahilove vidove, kao da je taj maleni komad stakla u sebi zatočio budućnost. Divno sunčano biće raskide svoj pojas, razveza maramu, htede da se otarasi svojih zagušljivih muslina, ali se uplaši da će se većma izložiti vatri stražara ako bude neoprezan i dozvoli da bude viđen nag. Za trenutak, ona čvršća od te dve božanske žene nagnu se nad svet, premišljajući se nije li na svoja sopstvena pleća preuzela teret Ahilovog udesa, Troje u plamenu i osvete za Patrokla, pošto ni najoštroumniji od bogova ili kasapina ne bi mogao da razlikuje to muško srce od njenog srca. Zatočenica svojih grudi, Misandra rastvori dvokrilna vrata koja zaječaše umesto nje i gurnu laktom Ahila prema svemu onome što ona neće biti. Vrata se ponovo zatvoriše, živu je sahranivši. Pušten kao orao, Ahil potrča duž ograda, skotrlja se stepenicama, siđe niz bedeme, preskoči provalije, zakotrlja se kao granata, prohuja kao strela, polete kao Pobeda. Oštre litice cepale su njegovu odeću a da nisu zagrebale njegovu neranjivu put: hitro biće zastade, razveza sandale, bosim nogama dade priliku da budu ranjene. Lađe su dizale kotvu: pozivi sirena ukrštali su se na moru; u pesku uskovitlanom vetrom jedva su ostali tragovi laganih Ahilovih stopala. Lanac zategnut povlačenjem talasa vezivao je za mol čamac koji se već sav tresao od mašina i polaska: Ahil se dohvati tog konopca Parki, široko raskriljenih ruku, podržavan krilima svojih lepršavih marama, zaštićen kao nekim belim oblakom galebovima svoje morske majke. Jedan odskok podiže na zadnji kraj lađe s visokom palubom razbarušenu devojku u kojoj se rađao bog. Mornari klekoše, zaklicaše, zadivljenim psovkama pozdraviše dolazak Pobede. Patroklo pruži ruke, verovao je da prepoznaje Dejdamiju; Odisej odmahnu glavom; Tersit prsnu u smeh. Niko nije ni slutio da ta boginja nije žena.

Srce, to je možda nečisto. Ono pripada poretku anatomskog stola i mesarske tezge. Više volim tvoje telo.

*

Oko nas je atmosfera Lezena, Montane, planinskih sanatorijuma, zastakljenih poput akvarijuma, divovskih zabrana gde Smrt dolazi neprestano da lovi. Bolesnici ispljuvavaju krvave ispovesti, razmenjuju bacile, porede temperaturne liste, sklapaju drugarstvo po opasnostima. Ti ili ja, ko ima više kaverni?

*

Gde da nađem spas? Ispunjavaš svet. Pobeći ti mogu samo u tebe.

*

Sudbina je vesela. Onaj ko Udesu pridaje ko zna kakvu lepu tragičnu masku, poznaje jedino njegova pozorišna prerušavanja. Neka nepoznata pakosna šaljivčina koja neuljudno drnda jedno te isto do mučnine hropca. Okolo Kobi se talasa miris iz dečje sobe, iz lakirane kutije iz koje izleću đavoli Navike, ormara iz kojih naše sobarice, groteskno nakinđurene, naglo iskaču u nadi da će nas naterati da vrisnemo. Likovi Tragičara poskakuju, surovo uznemireni gromkim smehom. Pre nego što će oslepeti, Edip je ceo svoj život proveo jedino igrajući se slepog miša s Kobi.

*

Uzalud se menjam: moja kob se ne menja. Svaka figura može da bude upisana unutar jednog kruga.

*

Sećamo se svojih snova: ne sećamo se svojih usnulosti. Prodrla sam samo dva puta u te dubine ispresecane strujama u kojima su naši snovi jedino olupine potopljenih stvarnosti. Onomad, pijana od sreće kao što smo pijani od vazduha nakon nekog dugog trčanja, bacila sam se na krevet onako kako to ronilac čini leđno, s rukama unakrst: uljuljkala sam se u plavo more. Oslonjena o bezdan poput plivačice koja pliva na leđima, održavana kiseoničkom bocom svojih pluća punih vazduha, pomaljala sam se iz tog grčkog mora kao neko novorođeno ostrvo. Te večeri, prezasićena tugom, srušila sam se na krevet uz kretnje utopljenice koja se predaje: popuštam usnulosti kao davljenju. Tokovi uspomena ustrajavaju kroz noćnu tupost, povlače me prema svojevrsnom Mrtvom moru. Bez mogućnosti da se zagnjurimo u tu vodu zasićenu solju, gorku kao izlučevina očnih kapaka. Plutam poput mumije po njegovoj smoli, u bojazni od buđenja koje će jedva biti nadživljavanje. Protok usnulosti u jednom smeru, zatim u suprotnom, vrte me mimo volje po tom žalu od batista. U svakom trenu moja kolena udaraju o uspomene na tebe. Hladnoća me budi, kao da sam ležala kraj mrtvaca.

*

Podnosim tvoje nedostatke. Mirimo se s nedostacima Boga. Podnosim tvoje odsustvo. Mirimo se sa odsustvom Boga.

*

Dete je talac. Život nas ima.

Isti je slučaj i sa psom, panterom ili cvrčkom. Leda je govorila: „Nisam više slobodna da se ubijem otkako sam kupila labuda."

PATROKLO ILI SUDBINA

Noć, ili pre nerazgovetni dan spuštao se na ravnicu: ne bi se moglo reći u kojem smeru se kretao sumrak. Kule su ličile na litice podno brda koja su ličila na kule. Kasandra je jaukala na zidinama, obuzeta užasnim naporom da porodi budućnost. Krv se poput šminke lepila za neprepoznatljive obraze leševa; Jelena je doterivala svoja vampirska usta šminkom koja je navodila na pomisao o krvi. Godinama za njih sve je već bilo neka vrsta crvene rutine gde se mir mešao s ratom poput zemlje s vodom u smrdljivim močvarnim oblastima. Prvi naraštaj junaka koji su rat primili kao povlasticu, gotovo kao promaknuće, pokošen kolima sa srpovima, prepustio je mesto kontingentu vojnika koji su ga prihvatili kao dužnost, da bi ga zatim podnosili kao žrtvu. Izum tenkova otvorio je ogromne pukotine u tim telima koja su postojala još samo kao bedemi; treći talas jurišnika nasrtao je prema smrti; ovi igrači koji su u svaki udarac ulagali maksimum svog života padoše najzad poput samoubica, pogođeni kuglom posred crvenog polja srca. Minulo je bilo vreme junačkog milovanja kad je protivnik bio tavno naličje prijatelja. Ifigenija je bila mrtva, streljana po Agamemnonovoj naredbi, pošto joj je dokazano da je umešana u pobunu crnomorskih posada; Paris je bio unakažen eksplozijom jedne granate; Poliksena je upravo podlegla tifusu u trojanskoj bolnici; Okeanide koje su klečale na žalu više nisu ni pokušavale da oteraju plave muve s Patroklovog leša. Otkad mu je poginuo taj prijatelj koji je u isti mah potpuno ispunjavao i zamenjivao svet, Ahil više nije napuštao svoj šator sav u senkama:

nag, prućen po zemlji kao da se upinjao da podražava taj leš, on se predavao crvima svojih uspomena da ga jedu. Smrt mu je sve više izgledala kao posvećenje kojeg su jedino najčistiji dostojni: mnogo je onih koji se raspadaju, malo onih koji umiru. Sve osobenosti kojih se on prisećao misleći na Patrokla: njegovo bledilo, njegova kruta, jedva vidno zgrbljena pleća, njegove uvek pomalo hladne ruke, breme njegovog tela koje se težinom kamena obrušava u san, stekle su najzad svoj puni smisao posmrtnih atributa, kao da je za života Patroklo bio samo skica jednog leša. Nepoznata mržnja koja drema u dnu ljubavi predodredila je Ahila za zadatak vajara: on je zavideo Hektoru što je okončao ovo remek-delo; jedino je njemu pripadalo da strgne poslednje velove koje su misao, gest, sama činjenica da je živ razastrli među njima, kako bi otkrio Patrokla u njegovoj uzvišenoj nagosti smrti. Uzalud su trojanske vođe najavljivale zvukom trube bitke prsa u prsa lišene one prostodušnosti iz prvih godina rata: bez drugara koji je zasluživao da bude neprijatelj, Ahil više nije ubijao, da ne bi na Patrokla navukao protivnike s onu stranu groba. Povremeno su odjekivali krici; senke sa šlemovima promicale su po crvenom zidu: otkako se Ahil zatvorio u tog mrtvaca, živi su mu se pokazivali samo u obličju utvara. Podmukla vlaga uzdizala se iz golog tla; bat vojski potresao je šator; kolčevi su podrhtavali u toj zemlji koja više nije davala roda; dva pomirena logora borila su se s rekom koja se upinjala da potopi ljude: bledi Ahil stupi u to predvečerje smaka sveta. Daleko od toga da u živima vidi jadne begunce iz ustrajno pretećeg vrtloga smrti, mrtvi su sada bili oni koji su mu izgledali podavljeni nečistom poplavom živih. Od bezoblične, uzavrele, uzburkane vode Ahil je štitio kamenje i cement koji služe za zidanje grobnica. Kada se požar iz šuma Ide spustio sve do luke liznuvši bokove lađa, Ahil nasuprot trupcima, jarbolima, drsko lomnim jedrima, stade na stranu vatre koja se ne usteže da na drvenoj postelji lomača zagrli mrtve. Čudnovata plemena navirala su iz Azije poput reka: zahvaćen Ajantovim ludilom, Ahil klaše tu marvu ne prepoznavajući u njoj čak ni ljudske crte. Slao je Patroklu ta krda određena za lovišta na drugom svetu. Pojaviše se Amazonke; poplava dojki pokri rečne brežuljke; vojska je treperila na miris njihovog razgolićenog runa. Za Ahila su žene oduvek predstavljale instinktivni deo nesreće, onaj deo čiji oblik nije izabrao, koji je morao da podnosi, koji nije mogao da prihvati. Majci je prigovarao da ga je učinila mešancem na pola puta između boga i čoveka, uskraćujući mu tako polovicu zasluga koje ljudi imaju ako se pretvore u bogove. Bio je kivan na nju što ga je još detetom vodila na kupanje u Stiks da bi ga cepila od straha, kao da se junaštvo ne sastoji u tome da se bude ranjiv. Ljutio se na kćeri Likomedove što u njegovom preodevanju nisu prepoznale suprotnost prerušavanja. Briseidi nije opraštao poniženje što ju je voleo. Njegov mač se zario u tu ružičastu pihtijastu masu, sekao Gordijeve čvorove utroba; žene su jaukale, porađale smrt kroz otvore rana, spoticale se poput konja na koridi o spletove svojih utroba. Pentesileja se izdvoji iz te hrpe izgaženih žena, čvrsto jezgro te gole kaše. Oborila je svoj vizir da ne bi nekog raznežila svojim očima: ona se jedina odvažila odreći lukavstva da bude bez velova. Oklopljena, sa šlemom, optočena zlatom, ova mineralna Furija od ljudskog je sačuvala samo svoje kose i svoj glas, ali njene kose bile su od zlata, zlato je odjekivalo u tom čistom glasu. Pristala je jedina među svojim drugaricama da joj odseku dojke, ali to sakaćenje jedva se primećivalo na njenim božanskim grudima. Mrtve devojke su za kose odvlačili izvan borilišta; vojnici su se poređali u živu ogradu, preinačavajući bojno polje u zatvoreno, gurajući Ahila u središte kruga gde je ubistvo bilo za njega jedini izlaz. U tom kaki-dekoru, sivomaslinastom, plavetnom obzorju, Amazonkin oklop, kako su promicali vekovi, menjao je oblik, menjao je boju prema reflektorima. Boj prsa u prsa s ovom Slovenkom, koja je od svake varke pravila plesni korak, postao je viteški turnir, zatim ruski balet. Ahil je navaljivao, zatim

29

uzmicao, prikovan za taj metal koji je sadržavao hostiju, obuzet ljubavlju koja se nalazi na dnu mržnje. Svom snagom hitnu mač, kao da hoće da raskine neke čini, provali tanki oklop koji je između te žene i njega postavljao nekog, ko zna kojeg, nevinog vojnika. Pentesileja pade kao da klonu, nesposobna da se odupre silovanju. Bolničari poleteše; čulo se mitraljesko pucketanje kadriranja; nestrpljive ruke razodenuše taj zlatni leš. Podignuti vizir otkn, umesto lica, masku sa slepim očima koje poljupci više nisu domašivali. Ahil je jecao, držao glavu svoje žrtve, dostojne da bude prijatelj. Bilo je to jedino biće na svetu koje je ličilo na Patrokla.

Ne dati se više, to znači dati se još. Žrtvovati se.

*

Ništa nije tako nisko kao visoko mišljenje o sebi.

*

Zločin je ludaka u tome da on sebe svemu pretpostavlja. Ovo bogohulno samoisticanje mi je gnusno kod onih koji ubijaju, a užasava me kod onih koji vole. Za te je tvrdice voljeni stvor još samo zlatnik oko kojeg grče prste. On više nije ništa do bog: jedva neka stvar. Opirem se da te pretvorim u predmet, ma bio to i Voljeni Predmet.

*

Jedini je užas ne služiti. Napravi od mene što god hoćeš, čak i neki ekran, čak i metal za dobar provodnik.

*

Mogao bi u jednom jedinom komadu da se srušiš i ništavilo kuda odlaze mrtvi: utešila bih se ako bi mi zaveštao svoje ruke. Jedino bi još tvoje ruke postojale, bez tebe, neobjašnjive poput ruku mermernih bogova prometnutih u prah i kreč njihovog sopstvenog groba. One bi nadživele tvoje činove, nadživele jadna tela koja su milovale. Između stvari i tebe, ne bi više služile kao posrednice: same bi bile pretočene u stvari. Ponovo čedne pošto ti više ne bi bio tu da ih učinih svojim saučesnicama, tužne poput hrtova bez gospodara, zbunjene poput arhanđela kojima nijedan bog više ne izdaje naredbe, tvoje zaludne ruke počivale bi na kolenima tame. Tvoje otvorene ruke, nemoćne da pruže ili uzmu ikakvu radost, ostavile bi me da padnem poput slomljene lutke. U visini njihovog članka celivam te ravnodušne ruke koje tvoja volja više ne istrže iz mojih; milujem plavu arteriju, stub krvi koja je negda neprestano poput izvorske bujice tekla iz tla tvoga srca. S kratkim zadovoljnim jecajima polažem glavu kao dete među te dlanove pune zvezda, krstova, ponora za ono što je bila moja sudbina.

*

Ne plašim se aveti. Živi su strašni samo zato što imaju telo.

*

Nema neplodnih ljubavi. Nikakve predostrožnosti tu ne pomažu. Kada te napuštam, duboko u meni je bol, kao neka vrsta užasnog deteta.

ANTIGONA ILI IZBOR

Što kazuje žarko podne? Mržnja je nad Tebom kao neko grozno sunce. Od smrti Sfinge, gnusni grad je bez tajni: sve u njemu izlazi na videlo. Senka opada na visinu kuća, u podnožje drveća, kao otužna voda na dno bunara: sobe više nisu zdenci tame, ostave svežine. Šetači imaju izraz mesečara u nekoj beskonačnoj beloj noći. Jokasta se zadavila da više ne bi gledala sunce. Spava se usred bela dana; vodi se ljubav usred bela dana. Spavači polegali napolju imaju izgled samoubica; ljubavnici su psi koji se objahuju na suncu. Srca su suva kao polja; srce novog kralja je suvo kao litica. Tolika suša poziva krv. Mržnja zaražava duše; radiografije sunca muče savest, ne isceljujući njenu rak-ranu. Edip je oslepeo rukujući prekomerno tim crnim zracima. Usamljena Antigona podnosi strele odapete s Apolonove lučne svetiljke, kao da joj bol služi umesto tamnih naočara. Ona napušta taj grad od gline pečene na vatri gde su otvrdla lica načinjena od zemlje s grobova; prati Edipa izvan razjapljenih vratnica koja izgledaju kao da ga izbljuvavaju. Vodi tog oca, koji je istovremeno njen tragični stariji brat, na putevima progonstva: on blagosilja sreću grešku koja ga je bacila na Jokastu, kao da je za njega rodoskvrnuće s majkom bilo samo sredstvo da mu se rodi sestra. Ona nema mira sve dok ga ne bude videla da počiva u noći konačnijoj nego ljudsko slepilo, položenog u postelju Furija koje se odmah preobražavaju u boginje zaštitnice, jer se svaka bol za onoga ko joj se prepusti prometne u spokojstvo. Ona odbija milostinju od Tezeja koji joj nudi odeću, čisto rublje, mesto u zvaničnim kolima da bi se vratila u Tebu: stiže peške do grada koji čini zločin od onoga što je samo poraz, progonstvo od onoga što je samo odlazak, kaznu od onoga što je samo udes. Raščupana, znojava, predmet ruganja za ludake, predmet sablazni za mudre, ona po otvorenom polju prati trag vojski obeležen praznim bocama, izlizanim sandalama, napuštenim bolesnicima za koje ptice grabljivice već veruju da su mrtvi. Kreće prema Tebi kao što se sveti Petar vraća u Rim da bi u njemu bio razapet. Prokrada se kroz sedam vojski koje logoruju oko Tebe, nevidljiva poput svetiljke u crvenim odsjajima Pakla. Vraća se kroz kapiju skrivenu u bedemima načičkanim odrubljenim glavama kakvi okružuju kineske gradove; promiče ulicama koje je opustošila kuga mržnje, ulicama izrovanim prolaženjem bornih kola; penje se na ravne krovove na kojima žene i devojke likću od radosti pri svakom pucnju koji ne pogađa njihove bližnje; njeno beskrvno lice uokvireno dugim crnim vlasima pojavljuje se u puškarnicama usred niza odsečenih glava. Ona više ne bira toliko između svoje zaraćene braće koliko između otvorenog grla i okrvavljenih ruku čoveka koji se ubija: blizanci su za nju samo jedan jedini bolni grč, kao što su najpre bili jedan jedini radosni drhtaj u Jokastinom stomaku. Ona čeka na poraz da bi se zavetovala pobeđenom, kao da je nesreća Božja presuda. Vučena bremenom svog srca, ona silazi u najdublje kutke bojnog polja; hoda po mrtvima kao Isus po moru. Među tim ljudima koje je izjednačilo započeto raspadanje prepoznaje Polinika po njegovoj izloženoj nagosti kao po nekom zlokobnom odsustvu podvale, po samotnosti koja ga okružuje kao po nekakvoj počasnoj straži. Ona okreće leđa plitkoj bezazlenosti koja se sastoji u kažnjavanju. Čak i živ, službeni Eteoklov leš, ohlađen njegovim uspesima, mumificiran je već obmanom slave. Čak i mrtav, Polinik postoji kao bol. On više ne rizikuje da okonča slep poput Edipa, da pobedi poput Eteokla, da kraljuje poput Kreonta: ne može da se ustali, može samo još da istruli. Pobeđen, opljačkan, mrtav, on je domašio dno ljudske bede: ništa se ne nalazi

34

između njih, čak ni neka vrlina, čak ni pitanje časti. Nevini pred zakonima, sablažnjivi od kolevke, obuhvaćeni u zločinu kao u istoj opni, zajedničko im je užasno devičanstvo koje se sastoji u tome da nisu od ovoga sveta: njihove dve samotnosti spajaju se tačno kao dvoje usta u poljupcu. Ona se povija nad njim kao nebo nad zemljom, iznova oblikujući tako u njegovoj celovitosti Antigonin svet: neki tavni posednički instinkt svija je prema tome krivcu na kojega joj više niko neće oduzimati pravo. Taj mrtvac je prazna urna u koju se u jedan mah naliva sve vino neke velike ljubavi. Njene tanke ruke s naporom podižu to telo koje bi da joj preotmu kraguji: ona ga nosi sveg raspetog kao što bi se nosio krst. S bedema Kreont gleda kako dolazi taj mrtvac podržavan svojom besmrtnom dušom. Pretorijanci poleću, odvlače izvan groblja tu moru Uskrsnuća: njihove ruke možda cepaju tuniku bez šavova na Antigoninim plećima, grabe se oko leša koji se već raspada, otiče poput uspomene. Rasterećena mrtvaca, ta devojka oborena čela izgleda kao da nosi Boga. U njenom izgledu Kreont nazire nešto crveno, kao da su njeni krvlju poprskani dronjci zastava. Nemilosrdni grad ne poznaje sumračja: dan tamni odjednom, poput upaljene sijalice iz koje se više ne izliva svetlost: ako bi kralj podigao oči, fenjeri Tebe prikrili bi mu sada zakone ispisane na nebu. Ljudi su bez sudbina, jer je svet bez zvezda. Žrtva božanskog prava, jedina je Antigona primila kao povlasticu obavezu da strada, i ta prednost može da objasni njihovu mržnju. Ona napreduje u toj noći izrešetanoj svetionicima: njena zamršena kosa, njene prosjačke rite, provalnički nokti pokazuju dokle mora da ide sestrinsko milosrđe. Na jarkom suncu, ona je bila bistra voda na ukaljanim rukama, senka u šupljini šlema, rubac na ustima preminulih. U mrkloj noći, ona postaje svetiljka. Njena pobožna privrženost Edipovim iskopanim očima obasjava milione slepih; njeno stradanje zbog brata već zahvaćenog truljenjem greje van vremena mirijade mrtvih. Svetlost se ne ubija; moguće ju je samo prigušiti: prikrivaju istinu o Antigoninoj agoniji. Kreont je baca u slivničku mrežu, katakombe. Ona se vraća u zemlju izvora, riznica, klica. Odbacuje Ismenu koja joj je samo sestra po mesu; s Hemonom se odriče užasne prilike da rađa pobednike. Polazi u traganje za svojom zvezdom smeštenom sasvim suprotno od ljudskoga razuma, i do koje može da stigne jedino prolazeći kroz grob. Hemon preobraćen u nesreću juri za njom kroz crne hodnike: taj sin zaslepljenog čoveka je treći vid njene tragične ljubavi. On stiže na vreme da bi je video kako priprema složeni sistem marama i čekrka koji treba da joj omogući da umakne ka bogu. Žarko podne govorilo je o jarosti: mrkla ponoć govori o beznađu. Vreme više ne postoji u Tebi lišenoj zvezda; ispruženi u apsolutnoj noći, spavači više ne naziru svoju savest. Ležeći u Edipovoj postelji, Kreont počiva na tvrdom jastuku Državnog Razloga. Nekoliko bundžija, raštrkanih po ulicama i pijanih od pravde, spotiču se o noć i valjaju kraj ivičnjaka. Iznenada, u otupljujućoj tišini grada koji se leči od mamurluka svog zločina, zgušnjava se, raste pod zemljom potres, ustoličava se u Kreontovoj nesanici, postaje njegova mora. Kreont se diže, pipajući pronalazi vrata za podzemlje, vrata za čije postojanje jedini on zna, otkriva u ilovači hodnika tragove svoga starijeg sina. Nejasna fosforescencija koju isijava Antigona omogućuje mu da raspozna Hemona okačenog o vrat ogromnog bića koje se ubilo, zanetog njihanjem tog klatna koje izgleda kao da premerava amplitudu smrti. Vezani jedno za drugo kao da bi bili teži, oni svojim sporim njihanjem svaki put sve više uranjaju u grob, i to drhtavo breme ponovo stavlja u pokret zvezdanu mašineriju. Putokazni šum probija kaldrmu, mermerne ploče, zidove od spečene gline, ispunjava isušeni vazduh pulsiranjem arterija. Vračevi oslanjaju uho o tlo, osluškuju poput lekara obamrla prsa zemlje. Vreme nastavlja svoj tok sa šumom Božjeg časovnika. Klatno sveta je Antigonino srce.

Voleti zatvorenih očiju, to je voleti kao slepac. Voleti otvorenih očiju, to je možda voleti kao ludak: izbezumljeno prihvatati. Volim te kao ludakinja.

*

Ostaje mi nedostojna nada. Protiv svoje volje računam na prestanak instinkta, na ekvivalent – u životu srca – činu nekog rasejanka koji pravi omaške u imenima, vratima. S užasom ti želim Kamijino neverstvo, neuspeh kraj Klaudije, neki skandal koji će te udaljiti od Hipolite. Bilo koji pogrešni korak mogao bi te naterati da padneš na moje telo.

*

U sve događaje života stupa se devičanski čisto. Plašim se da se u njima neću snaći sa svojim Bolom.

*

Bog koji hoće da živim naložio ti je da me više ne voliš. Ne podnosim baš sreću. Nedostatak navike. U tvome naručju mogla bih samo umreti.

*

Korisnost ljubavi. Sladostrasnici se sporazumevaju da se bez nje upuste u istraživanje zadovoljstva. Potrebno je samo prepustiti se pomami tokom niza opita o načinima isprepletanja i kombinovanja tela. A zatim se zapaža da preostaje da se učine otkrića i u jednoj tamnoj hemisferi. Ona nam je bila nužna da bismo se podučili o Bolu.

LENA ILI TAJNA

Lena je bila Aristogitonova priležnica i pre sluškinja nego domaćica. Stanovali su u kućici blizu kapele Svetog Sotira. U bašti uz kuću ona je uzgajala meke bundeve i raskošne patlidžane, usoljavala girice, unakrst rasecala crveno meso lubenica, silazila da u suvom koritu Ilisosa beli platno, bdela nad tim da joj gospodar ima pri ruci svilenu maramu koja ga je čuvala od prehlade posle vežbi na Stadionu. Kao nagradu za toliku brigu, on je dopuštao da bude voljen. Izlazili su zajedno: išli da u kafićima slušaju ploče s narodnim pesmama, zapaljivim i tužnim poput tamnog sunca. Bila je ponosna kad bi na prvoj stranici sportskih novina videla njegovu sliku. Prijavio se za boksersko takmičenje u Olimpiji; saglasio se da i ona krene na putovanje: podnosila je bez jadikovki drumsku prašinu, zamorno kaskanje mula, prljave krčme gde je voda bila skuplja od najboljeg ostrvskog vina. Na putu buka kola nije prestajala, tako da se više nije čula ni pesma zrikavaca. Jednoga dana, u podne, na prevoju nekog brežuljka, pod svojim nogama je ugledala olimpijsku dolinu, šuplju kao dlan nekog boga koji u svojoj ruci nosi statuu Pobede. Para od toplote lebdela je nad žrtvenicima, kuhinjama, vašarskim dućanima za čijim je bezvrednim đinđuvama Lena čeznula. U gomili, da ne bi izgubila svoga gospodara, zubima se uhvatila za rub njegovog plašta. Natrljala je mašću, ukrasila trakama, zamazala poljupcima idole dovoljno dobre da ne odbace pokušaj da im se približi jedna sluškinja; za uspeh svoga gospodara molila je sve molitve koje je znala, i sve kletve koje je znala bacala na njegove protivnike. Odvojena od njega tokom dugih suzdržavanja propisanih atletama, spavala je sama pod šatorom, u ženskoj četvrti, izvan ograde određene za takmičare, odgurujući ruke koje su se pružale kroz senku, ravnodušna čak prema fišecima sa suncokretovim semenkama kojima su je nutkale susetke. Maštu boksera punila su uljem utrljana prsa i obrijane glave gde ruke nisu imale za šta da se uhvate: imala je utisak da ju je Aristogiton napustio zbog svojih protivnika; u veče posle Igara, ukazao joj se, nošen u trijumfu duž stadionskih prolaza, zasopljen kao posle ljubavi, prepušten stilu izveštača i staklenim sočivima fotografa: imala je utisak da ju je varao sa Slavom. Njegov život trijumfatora odvijao se u svetkovanju s uglednicima: videla ga je da s ritualne gozbe izlazi u društvu jednog mladog Atinjanina, obuzet pijanstvom za koje se nadala da se može pripisati alkoholu, jer se od vina brže leči nego od sreće. U Atinu se vratio u Harmodijevim kolima, prepuštajući Lenu brizi jedne od njenih susetki; nestao je u oblaku prašine, otet iz njenih zagrljaja kao mrtvac ili kao bog; poslednja slika koju je upamtila bila je slika marame koja leprša na smeđem zatiljku. Kao kučka što izdaleka sledi drumom svoga gospodara koji je otišao bez nje, Lena krenu u obrnutom smeru dugim brdovitim putem kojim su hitale žene, po zabačenim mestima, plašeći se da ne sretnu satire. U svakoj seoskoj krčmi u koju bi ušla da kupi malo senke i kafu sa čašom vode nalazila bi krčmara još zauzetog brojanjem zlatnika nehajno istresenih iz džepova te dvojice muškaraca: svuda su uzimali najbolje sobe, pili najbolja vina, naručivali pevače da im krešte do zore: Lenin ponos, koji je još uvek bio ljubav, zalečivao je rane ljubavi, koja je još uvek bila ponos. Malo-pomalo, mladi bog otmičar prestajao je da bude samo lice, postao je za nju određeno ime, priča, kratka prošlost. Garažista iz Patrasa obavestio ju je da se zove Harmodije; trgovac konjima iz Pirga govorio joj je o njegovim trkačkim grlima; prevoznik sa Stiksa, koga posao obavezuje na druženje s mrtvima, znao je da je siroče i da je njegov otac baš nedavno pristao uz obalu s one strane života; lopovi s glavnog puta znali su dobro da ga je tiranin Atine obasuo bogatstvima; korintske hetere smatrale su da poznaju njegovu lepotu. Svi, čak i prosjaci, čak i seoske lude, svi su znali da je u svojim trkačkim kolima dovezao pobednika u boksu na Olimpijskim igrama: taj blistavi mladić nije bio ništa do pehar, vaza ukrašena vrpcama, bujnokosa slika Pobede. U Megari je trošarinski činovnik obavestio Lenu da je Harmodije bio odbio da oslobodi prolaz kolima glavara države, Hiparha, koji je mladiću jarosno prebacio njegovu nezahvalnost, njegova plebejska druženja: pa tiraninovi milicioneri silom oduzeše vatrena kola koja mu nisu bila data, govorio je Hiparh, da se u njima šeta u društvu nekog boksera. U okolici Atine Lena je zadrhtala od silnoga bruja buntovnog klicanja u kojem je ime njenoga gospodara dopiralo do nje izlizano na desetak hiljada pari usana; u čast pobedioca omladina je organizovala povorke s bakljama kojima je Hiparh odbio da prisustvuje: jele iščupane s korenjem plakale su toplim suzama za svojom žrtvovanom smolom. U maloj kući u četvrti Svetog Sotira, neujednačeno udarajući potpeticama o popločano tlo dvorišta, igrači su na zid bacali pokretnu i golu fresku. Da nikoga ne bi uznemirila, Lena bez šuma kliznu kroz kuhinjska vrata. Krčazi i šerpe nisu joj više govorile bliskim jezikom; obed su pripremale nevešte ruke; poseče prst skupljajući razbijenu čašu. Uzalud pokuša da se pomoću koski i milovanja dodvori Harmodijevom hrtu koji se ispružio pod ormarom gde su držali hranu. Ponadala se da će je njen gospodar obavestiti bar o jelovniku s ručkova na kojima je bio, ali je njegovi osmesi čak ni ne zapažaju; da bi je se otarasio, šalje je da radi u vinogradu na njihovom malom dobru u Dekeleji. Predoseća brak između svoga gospodara i Harmodijeve sestre: s užasom pomišlja na suprugu, s jadom na decu. Živi u senci koju je na njen put bacio divni svadbeni Eros okružen bakljama. Odsustvo zaruka samo polovično umiruje tu prostodušnu ženu koja pogrešno vidi opasnost: Harmodije je u tu kuću uveo nesreću kao skrivenu gospodaricu; ona se oseća napuštenom zbog te neopipljive žene. Jedne večeri neki čovek s oronulim crtama u kojima ona ne prepoznaje lice beskrajno umnoženo na poštanskim markama i metalnom novcu s Hiparhovim likom zakuca na vrata za poslugu, bojažljivo zatraži parče hleba istine. Aristogiton koji se slučajno vraća nalazi je za stolom pored tog sumnjivog prosjaka; on je se previše kloni da bi joj prigovorio: izbacuju ga iz sobe koja najednom biva ispunjena povicima. Nekoliko dana kasnije, podno Klepsidrinog izvora, Harmodije otkriva svoga prijatelja kao žrtvu zasede: poziva Lenu da mu pomogne da na jedini ležaj u kući prenese bokserovo telo istetovirano ubodima noža; njihove ruke, pocrnele od joda, susreću se na ranjenikovim grudima. Lena vidi kako se na pognutom Harmodijevom čelu ocrtava mala nespokojna bora Apolona koji činima vida rane. Ona pruža svoje ustreptale velike ruke prema mladiću, preklinjući ga da spase njenog gospodara: nimalo nije začuđena kad ga čuje kako sebi prebacuje svaku ranu, kao da je on za nju odgovoran, toliko smatra prirodnim da je jedan bog ujedno i spasilac i ubica. Korak policajca u civilu koji šetka tamo-amo duž pustoga puta izaziva drhtaje ranjenika opruženog u svom naslonjaču; Harmodije nastavlja da se samcit izlaže opasnosti u gradu, kao da nijedan nož ne bi mogao sebi da napravi prolaz u njegovo telo, i ta bezbrižnost utvrđuje Lenu u pomisli da je on bog. Oni se plaše njenog jezika toliko da nastoje da joj napad iz prethodnog dana predstave kao svađu među pijancima, nesumnjivo iz straha da im kod mesara i bakalina sa ćoška ne bi odmeravala šanse za osvetu. S užasom Lena zapaža da čorbe koje im priprema oni najpre daju psu da okusi, kao da pretpostavljaju njene jake razloge da ih mrzi. Da bi bili zaboravljeni, s nekoliko prijatelja polaze da logoruju na Parnesu na kritski način; skrivaju od nje položaj pećine u kojoj spavaju; njena dužnost je da ih snabdeva hranom koju ostavlja pod jednim kamenom kao da su u pitanju mrtvi koji lutaju zabačenim krajevima ovoga sveta: kao žrtvu Aristogitonu donosi crno vino, čereke krvavog mesa, ne uspevajući da joj se ta beskrvna utvara koja je više ne obasipa poljupcima odazove. Taj mesečar zločina još je samo mrtvac koji se upućuje svome grobu, kao što leševi Jevreja hodočaste u Josafat. Ona bojažljivo dotiče njegova kolena, njegova gola stopala, da bi se uverila da nisu ledna; veruje da u Harmodijevim rukama vidi čarobnički štap Hermesa sprovodnika duša. U Atinu se vraćaju okruženi psima straha i vukovima osvete: groteskne figure seoskih plemića bez cvonjka, branilaca bez parnice, vojnika bez budućnosti, klisnuše u gospodarevu sobu poput senki koje baca prisustvo jednoga boga. Otkako je Harmodije iz opreza prestao da spava kod svoje kuće, izagnana pod kućno sleme Lena ne može više da bdi svake noći nad svojim gospodarom kao što se bdi nad bolesnikom, da ga ušuškava svake večeri kao što se ušuškava neko dete. Skrivena na terasi, ona gleda kako se neumorno otvaraju i zatvaraju vrata toga doma zaraženog nesanicom: ne razumevajući u tome išta, prisustvuje tim odlascima i dolascima koji služe kao tkački čunak za pletenje osvete. Uoči jedne sportske svečanosti daju joj da zašiva krstolike simbole života na ogrtačima od smeđe vune. Te večeri nad svim atinskim krovovima gore svetiljke: devojke iz viših slojeva pripremaju svoje haljine s pričešća za sutrašnju procesiju: udno svetilišta ukovrdžavaju ruse kose svete Device: milion tamjanovih zrna dimi u Atinin nos. Na svojim kolenima Lena drži malu Irini koja sada stanuje kod njih, jer se Harmodije plaši da mu se Hiparh ne osveti ukravši mu sestricu. Oseća se puna sažaljenja prema toj devojčici zbog koje je još nedavno strahovala da će je videti kako u kuću ulazi pod nevestinskim velom, kao da su nade njih obe bile izneverene. Noć provodi u odabiranju crvenih ruža koje dete mora u punim pregrštima da prospe pod noge Prečiste Device: u tu korpu Harmodije uranja svoje nestrpljive ruke koje kao da su uronile u krv. U času kad Atina pokazuje svoje biserno lice, Lena uzima za ruku malu Irini svu naježenu u sedefu velova; uspinje se s poslušnim detetom stepeništem Propileja... Plamenje deset hiljada voštanica svetluca u svetlosti osvita poput tolikih plamičaka koji nisu imali vremena da se vrate svojim grobovima. Još pijan od noćnih mora, Hiparh trepće očima pred svom tom belinom, rasejano ispituje nevinu i plavetnu povorku Atinine Dece. Iznenada, njemu mrska sličnost izranja na još neuobličenom licu male Irini: počinje mahnito da trese mladu kradljivicu koja se usudila da prisvoji te grozne oči, urla da daleko od njegovog pogleda oteraju sestru bednika koji truje njegove snove. Dete pada na kolena; iz prevrnute košare se rasipa crveni sadržaj; suze na devojčicinom licu kvare užasnu i božansku sličnost. U času kad se nebo zlati poput tog postojanog srca, dobra Lena odvodi kući raščupano dete, lišeno njegove korpe: Harmodije sija od radosti pred tom željenom uvredom. Klečeći na dvorišnoj kaldrmi, klateći glavom kao narikača, Lena oseća na svom čelu ruku tog okrutnog mladića koji liči na Nemesis: tiraninove uvrede, njegove pretnje koje ona ponavlja ne pokušavajući da ih razume dobijaju u njenom bezličnom glasu užasnu jednoličnost presuda bez priziva i svršenog čina. Svaka uvreda povećava namrgođenost Harmodijevog lica, pridodaje mu osmeh mržnje: u prisustvu tog boga koji se nije udostojio čak ni da se obavesti o njenom imenu, ona se zanosi da postoji, da je korisna, možda čak da izaziva bol. Pomaže Harmodiju da iznakazi lepe lovorove u dvorištu, kao da se prvi zadatak sastoji u uklanjanju svake senke: iz bašte izlazi pored dvojice muškaraca koji kriju velike kuhinjske noževe u tim buketima spremljenim za Cveti; zatvara vrata sobe u kojoj je Irini zaspala, kavez s golubovima, kartonsku kutiju u kojoj je hranila zrikavce, celu prošlost koja je postala duboka kao san. Praznično odevena gomila odvaja je od njenih gospodara koje čak i ne razlikuje više. Kreće njihovim tragom duž gradilišta Partenona, sudarajući se s gomilom loše otesanih blokova koji hram Devici pretvaraju u nešto nalik na njegove buduće razvaline. U trenu

43

kad nebo pokazuje svoje crveno lice, ona vidi kako dvojica prijatelja nestaju u nazupčanom mnoštvu stubova kao u nekoj mašini koja drobi ljudsko srce da bi iz njega izvukla boga. Krici, prasak bombi: stariji Hiparhov brat, rasporen na oltaru pokrivenom krvlju i žeravicom, izgleda kao da nudi svoju utrobu sveštenicima da je ispitaju: Hiparh, smrtno ranjen, nastavlja da urlajući izdaje naredbe, oslonjen na stub da se ne bi srušio živ. Vratnice Propileja se zatvaraju da bi pobunjenicima onemogućile jedini izlaz koji ne vodi u prazninu: uhvaćeni u toj klopci od mermera i neba, urotnici trče tamoamo, spotiču se o mnoštvo bogova. Ranjenog u nogu, Aristogitona su hajkači ulovili duboko u Panovim pećinama. Unakaženo Harmodijevo telo gomila je rasparčala kao Bakhovo tokom krvavih misa: protivnici, ili možda oni koji su mu odani, iz ruke u ruku prenose tu strašnu hostiju. Lena kleči i u svoju pregaču sakuplja pramenje Harmodijeve kose, kao da je ta usluga najpreča koju još može da učini svome gospodaru. Žbiri se bacaju na nju; vezuju joj ruke koje odmah gube svoj istrošeni izgled domaćicinih alatki i postaju ruke žrtve, zglavci mučenice; penje se u zatvorska kola kao što se mrtvi penju u čamac. Prolazi kroz Atinu koja stoji, sleđena od bojazni, u kojoj se lica skrivaju iza zatvorenih prozorskih kapaka iz straha da će morati da sude. Ona zakoračuje na zemlju pred kućom koju izgled bolnice i zatvora označuje kao vladarevu palatu. Kod kolskog ulaza susreće Aristogitona koji posrće na svojim ranjenim nogama: ona pušta da promine streljački vod ne dižući na svog gospodara oči već slične staklastim zenicama mrtvih. Prasak metaka u dnu susednog dvorišta razleže se za nju samo kao počasni plotun na Harmodijevom grobu. Guraju je u belo okrečenu dvoranu u kojoj mučeni imaju izgled životinja u hropcu a dželati visekcista. Položen na nosilima, Hiparh okreće prema njoj svoju uvijenu glavu, pipajući uzima te ženske ruke zgrčene nad jedinom istinom za kojom još gladuje, govori joj tako tiho i iz takve blizine da ovo saslušanje liči na neko ljubavno poveravanje. Traži imena, priznanja. Šta je videla? Ko su bili njihovi saučesnici? Da li je stariji od dvojice obučavao mlađeg u toj trci do smrti? Nije li bokser bio samo pesnica u ruci Harmodijevoj? Je li to strah podstakao mladića da se otarasi Hiparha? Da li je on znao da ga vladar nije mrzeo, da bi mu oprostio? Da li je govorio često o njemu? Da li je bio tužan? Beznadna bliskost uspostavlja se između tog čoveka i te žene koji su opsednuti istim bogom, umiru od istoga zla, i čiji se ugašeni pogledi okreću prema dvojici odsutnih. Podvrgnuta ispitivanju, Lena stiska zube, grize se za usne. Njeni gospodari bi zaćutali kad bi ona donosila jelo; ostala je na pragu njihovog života poput neke kučke kraj vrata. Lišena uspomena, ta žena se iz ponosa upinje da poveruju kako ona zna sve; kako su joj njeni gospodari poverili svoje srce kao jatakinji na koju se može računati, kako samo od nje zavisi da li će izreći njihovu prošlost. Dželati je polažu na neki stalak da bi je operisali od ćutljivosti. Tom plamenu prete mučenjem vodom; govore da će vatrom mučiti taj izvor. Ona strahuje da će iz nje mučenje izvući jedino ponižavajuće priznanje da je bila samo sluškinja a nikako saučesnica. Bujica krvi izvire joj iz usta kao u napadu hemoptizije. Odgrizla je jezik da ne bi otkrila tajne koje nije znala.

Žežen većim vatrama... Umorna životinja, plameni bič me šiba po slabinama. Pronašla sam istinski smisao pesničkih metafora. Svake noći se budim u požaru sopstvene krvi.

*

Poznavala sam uvek samo obožavanje ili raskalašnost... Šta to kazuje? Poznavala sam uvek samo obožavanje ili samilost.

*

Hrišćani mole pred krstom, prinose ga svojim usnama. Dovoljan im je taj okrajak drveta, čak ako na njemu i ne visi nikakav Spasitelj. Poštovanje koje se duguje mučenima na kraju oplemenjuje gnusnu spravu za mučenje: znači da se ne vole dovoljno bića kad se ne obožava njihova beda, njihovo poniženje, njihova nesreća.

*

Kada gubim sve, ostaje mi Bog. Ako izgubim Boga, ponovo nalazim tebe. Ne može se istovremeno imati neizmerna noć i sunce.

*

Jakov se borio s anđelom u zemlji Galaad. Taj anđeo je Bog, pošto je njegov protivnik izišao poražen iz borbe, i iščašenog kuka u svom porazu. Prečage zlatnih lestvi nude se samo onima koji najpre prihvataju taj večni *knockout*. Jeste Bog sve ono što nas prevazilazi, sve ono

46

nad čime nismo trijumfovali. Smrt je Bog, i svet, i ideja o Bogu za maloumnog boksera koji dopušta da ga obori njihov snažni lepet krila. Ti si Bog: ti bi mogao da me slomiš.

*

Neću pasti. Stižem do središta. Slušam otkucavanje neznano kojeg božanskog časovnika kroz tanku telesnu pregradu života ispunjenog krvlju, drhtajima i dahovima. Blizu sam tajanstvenom jezgru stvari kao što smo noću ponekad blizu nekom srcu.

MARIJA MAGDALENA ILI SPAS

Zovem se Marija: zovu me Magdalena. Magdalena je po imenu moga sela: to je skroviti predeo u kome je moja majka imala njive, u kome je moj otac imao vinograde. Rodom sam iz Magdale. U podne je moja sestra Marta nosila testije s pivom poljskim radnicima; ja sam, pak, išla praznih ruku; oni su srkali moje osmehe; njihovi pogledi su me opipavali kao malne zreli plod čiji slasni ukus zavisi samo još od malčice sunca. Moje oči su bile dve divlje zverke uhvaćene u mrežu trepavica; moja su gotovo crna usta bila pijavica nabrekla od krvi. Golubarnik beše krcat golubovima, naćve pune hleba, skrinja novca s Cezarovim likom. Marta je namučila oči obeležavajući moj miraz Jovanovim inicijalima. Jovanova majka je imala ribnjake; Jovanov otac je imao vinograde. Na urečeni dan venčanja pod smokvom kod izvora, Jovan i ja smo već osećali nesnosni teret sedamdeset godina blaženstva. Isti plesni napevi pratiće svadbe naših kćeri; osećala sam se već bremenita decom koje će one nositi. Jovan je k meni došao iz dubine svog detinjstva; smejao se s anđelima, svojim jedinim drugovima; zbog njega sam odbila ponude rimskog centuriona. Izbegavao je krčmu u kojoj su se kurve kao otrovne guje uvijale pod nadražujućim zvucima tužne frule; odvraćao je oči od punašnih lica salaških devojaka. Voleti njegovu čednost bio je moj prvi greh. Nisam znala da sam se borila protiv nevidljivog suparnika kao što se naš otac Jakov borio protiv Anđela, i da je ulog bitke bio onaj dečak sa zamršenom kosom u kojoj su zadenute slamke nagoveštavale oreol. Nisam znala da je neko drugi

48

voleo Jovana pre nego što sam ga ja zavolela, pre nego što me je zavoleo; nisam znala da je Bog jedina mogućnost samotnikâ. Rukovodila sam svadbenom gozbom u ženskoj sobi; iskusne žene su mi na uho šaputale savete podvodačica, recepte kurtizana; frula je ječala kao devica; zategnuti doboši odjekivali su kao srca; žene uvaljene u senku, svežnjevi velova, grozdovi dojki, zavidele su mi teškim glasom na silnoj sreći dobitka Supruga. Ovce priklane u dvorištu kmečale su poput nevinih u rukama Irodovih mesara; nisam u daljini čula blejanje grabežljivog Jagnjeta. Večernja isparenja sve izmešaše u visokoj odaji; sivi dan izgubi osećaj za oblike i boje stvari: ne videh belog skitnicu, smeštenog među siromašnim rođacima, sasvim udno stola za muškarce, kako prenosi mladićima, dodirom, poljupcem, nekakvu užasnu gubu koja ih prisiljava da se odvoje od svega. Ne naslutih prisustvo Zavodnika koji odricanje čini slatkim koliko i greh. Zatvoriše vrata; zapališe mirise da bi omamili đavole; ostaviše nas same. Dižući pogled, zapazih da je Jovan prošao kroz svoju svadbenu svečanost samo kao kroz trg pritisnut javnim veseljem. Tresao se jedino od bola; bio je bled jedino od srama; plašio se samo klonuća duše nemoćne da se preda Bogu. Bila sam nesposobna da na Jovanovom licu razlikujem grč odvratnosti od grča želje: bila sam devica, a uostalom svaka žena koja voli samo je jadno nevino biće. Kasnije sam shvatila da za njega predstavljam najgori telesni prestup, ozakonjeni greh, odobren običajima, utoliko gnusniji što je dopušteno da se u njemu valja bez srama, utoliko strašniji što ne povlači osudu. Mene je izabrao kao najpovučeniju od devojaka kojoj je mogao da se udvara s tajnom nadom da je nikada neće dobiti; ja sam bila objašnjenje njegove odvratnosti prema lakšem plenu; sada, sedeći na toj postelji, bila sam još samo laka žena. Nemogućnost da me voli stvorila je među nama veću sličnost nego sve one suprotnosti pola koje služe da unište poverenje, da opravdaju ljubav između dva ljudska bića: oboje smo želeli da se povinujemo volji jačoj od naše, da se predamo, da budemo uhvaćeni: išli smo ispred svih bolova radi porađanja nekog novog života. Ta duša s dugom kosom trčala je prema Suprugu. Oslanjao je čelo o staklo sve zamagljenije parom njegovog daha: čak nas ni umorne oči zvezda nisu više vrebale; sluškinja koja je vrebala s druge strane praga smatrala je moje jecaje možda ljubavnim grcajima. Neki glas se podiže u noći zovući Jovana tri puta, kao što se čuje pred kućama u kojima će neko ubrzo umreti: Jovan otvori prozor, nagnu se da bi odmerio dubinu senke, vide Boga. Ja videh samo mrak, to jest Njegov ogrtač. Jovan izvuče krevetske čaršave, poveza ih da bi načinio konopac; svici su treptali na zemlji poput zvezda, tako da je izgledao kao da tone u nebo. Izgubih iz vida tog prebeglicu koji nije bio kadar da naručju Boga pretpostavi jednu ženu. Oprezno otvorih vrata svoje sobe u kojoj se odigrao samo odlazak; opkoračih zvanice koje su hrkale na tremu; s vešalice uzeh Lazarovu kapuljaču. Noć je bila odveć crna da bi se na tlu potražio trag božanskog bilja; ulične kocke o koje sam se spoticala nisu bile one koje sam po izlasku iz škole preskakala na jednoj nozi; prvi put sam ugledala kuće onako kako ih spolja vide oni koji nemaju ognjišta. Na uglu ozloglašenih uličica opet su se cedili opsceni saveti iz bezubih usta podvodačica; bljuvanjci pijanica pod lukovima tržnica podsetiše me na vinske lokve sa svadbenog slavlja. Da bih izmakla zasedi, trčala sam duž drvenih hodnika krčme sve do sobe rimskog poručnika. Taj grubijan dođe da mi otvori, još pijan od zdravica u moju čast za Lazarovim stolom; nesumnjivo me držao za jednu od lakodajki s kojima je imao običaj da spava. Zadržah na licu kapuljaču od crne vune; bila sam dostupnija kad je reč o mome telu: kad me prepozna, već sam postala Marija Magdalena. Sakrih mu da me je Jovan napustio na samo veče mog svadbenog pira, iz straha da ne poveruje da je obavezan da u vino svoje želje ulije otužnu vodu samilosti. Ostavila sam ga da veruje da sam vazdan sklopljenim dugim rukama svoga bledog verenika pretpostavila njegove rutave mišice: za Jovana sam sačuvala tajnu njegovog bekstva sa Bogom. Seoska deca otkriše gde sam bila; kamenovaše me. Lazar dade da se pretraži jezerce kod vodenice, verujući da će u njemu pronaći Jovanov leš; Marta je saginjala glavu prolazeći pored krčme; Jovanova majka dođe da mi zatraži račun o tobožnjem samoubistvu svog jedinca: nisam se branila, smatrajući da je za mene manje poniženje pustiti ih da svi veruju kako me je taj nestali ludo voleo. Sledećeg meseca Marija dobi naređenje da se u Gazi pridruži palestinskoj diviziji; ja pak nisam mogla da nađem dovoljno novca da bih u vatrenim kolima uzela jedno od onih mesta trećeg razreda odvajkada određenih za proroke, jadnike, vojnike na odsustvu, mesije. Krčmar me zadrža da brišem čaše: od svoga gazde naučih kuhinju želje. Bilo mi je slatko da žena koju je Jovan prezreo padne u jedan mah na najniži stepenik živih stvorova: svaki udarac, svaki poljubac oblikovali su mi lice, grudi, telo, čineći ga drukčijim od onoga koje moj prijatelj nije milovao. Jedan beduinski kamilar pristade da me odvede u Jafu, s tim da mu platim zagrljajem; marseljski gazda me uze na svoj brod: ležeći na krmi, podavala sam se strasnom zibanju penušavog mora. U baru u Pireju, jedan grčki filozof me je podučavao o mudrosti kao još jednom razvratu. U Smirni me darežljivost nekog bankara nauči o tome koliko sedef ostrige i krzno divljih zveri čine podatnijom kožu gole žene, tako da su mi u isti mah zavideli i želeli me. U Jerusalimu me je jedan farisej navikao da licemerje koristim kao nezamenjivu šminku. U nekom ćumezu u Cezareji izlečeni paralitičar mi govoriše o Bogu. Uprkos preklinjanjima anđela koji su se, bez sumnje, trudili da ga odvedu na nebo, Bog je nastavljao da luta od sela do sela, ismevajući sveštenike, grdeći bogate, unoseći svađu u porodice, opravdavajući preljubnicu, baveći se svuda svojim skandaloznim zanatom Mesije. Čak i večnost ima svoje uspešne trenutke: jednog od onih utornika kada je pozivao jedino čuvene ljude, Simon Farisej je došao na ideju da se moli Bogu. Toliko sam toga prošla samo da bi taj strašni Prijatelj dobio manje bezazlenu suparnicu: zavesti Boga, značilo je izmaći Jovanu njegov večni oslonac; značilo je prisiliti ga da na mene ponovo padne svom težinom svoje puti. Grešimo pošto Boga nema: zato što nam se među stvorenjima koja kao takva vidimo ne ukazuje ništa savršeno. Kad Jovan bude shvatio da je Bog samo muškarac, neće više imati razloga da mu ne pretpostavi moje grudi. Doterala sam se kao za bal; namirisala kao za postelju. Na moj ulazak u gozbenu odaju svi prekidoše žvakanje; Apostoli ustadoše grajeći u strahu da ne budu zaraženi dodirom moje haljine: u očima tih čestitih ljudi bila sam nečista kao da je iz mene neprestano liptala krv. Jedini je Bog ostao ležeći na kožnoj klupi: instinktivno sam prepoznala ta stopala izlizana do kosti silnim tumaranjem po svim putevima našeg pakla, tu kosu naseljenu zvezdanim vaškama, te oči velike i čiste kao jedini delići koji su mu ostali od njegovog neba. Bio je ružan kao bol; bio je prljav kao greh. Padoh na kolena, gutajući pljuvačku, nesposobna da dodam ma koji sarkazam užasnom bremenu te nesreće u kojoj se nalazio Bog. Odmah videh da ga ne bih mogla zavesti, jer nije bežao od mene. Razvezah kosu kako bih bolje pokrila golotinju svoga greha; izručih pred njim bočicu svojih uspomena. Razumela sam da je taj Bog izvan zakona morao jednog jutra da se iskrade izvan vratnica zore, ostavljajući za sobom ličnosti Trojstva začuđene da su samo još dve. Nastanio se u krčmi življenja; rasipao se na mnogobrojne prolaznike koji su mu uskraćivali svoju dušu, ali od njega tražili sve opipljive radosti. Podnosio je društvo razbojnika, dodir gubavaca, obest policajaca: kao i ja pristajao je na groznu sudbinu da bude sa svima. Na moju glavu on položi svoju mrtvačku veliku ruku iz koje je, izgledalo je, već iscurila sva krv: uvek se jedino ropstvo menja: upravo u trenu kad me đavoli napustiše, obuze me Bog. Jovan iščeze iz mog života kao da je Jevanđelist bio za mene samo Preteča: licem u lice s Mukom, zaboravila sam ljubav. Prihvatila sam čistotu kao najgoru razuzdanost: provodila sam besane noći, cvokoćući od rose i suza, opružena usred polja među Apostolima, gomile Pastirovih smrznutih i zaljubljenih ovčica. Zavidela sam mrtvima, na koje proroci naležu da ih vaskrsnu. Pomagala sam božanskom vidaru u njegovim čudesnim izlečenjima: utrljavala sam blato u oči onih koji su rođeni slepi. Ostavila sam Martu da dirinči umesto mene na dan gozbe u Vitaniji, u strahu da Jovan ne dođe i ne sedne kraj nebeskih kolena na klupicu s koje sam ja bila ustala. Moje suze, moji krici postigli su kod tog blagog čudotvorca drugo rođenje Lazarovo: taj mrtvac povijen u trake, praveći svoje prve korake na pragu svoga groba, maltene je bio naše dete. Za njega sam prikupljala učenike; svoje blede ruke umočila sam u vodu perući suđe za Svetu večeru; stražarila sam na raskršću kod Maslinove gore dok se ispunjavao čin Iskupljenja. Toliko sam ga volela da sam prestala da ga žalim: moja ljubav se čak starala da mu oteža tu nesreću koja ga je, jedina, činila Bogom. Da ne bih upropastila njegovu karijeru Spasitelja, pristala sam da ga vidim kako umire kao što neka ljubavnica pristaje na srećni brak čoveka koga voli: u čekaonici, kada nam je Pilat ponudio da biramo između razbojnika i Boga, kao i ostali vikala sam neka se oslobodi Varava. Videla sam ga kako leže na okomitu postelju svoje večne svadbe: prisustvovala sam užasnom vezivanju konopaca, poljupcu sunđera još natopljenog morskom gorčinom, ubodu kopljem kojim je vojnik pokušavao da probije srce te uzvišene utvare, iz straha da se ne bi povratio i posisao svu budućnost. Na svom čelu sam osećala podrhtavanje te blage grabljivice prikovane na kapiju Vremenâ. Vetar smrti brazdao je nebo iscepano kao jedro; svet se naginjao na stranu večeri, zanošen težinom krsta. Bledi kapetan visio je o unakrsnoj gredi trojarbolaša potopljenog zahvaljujući Omašci: tesarov sin ispaštao je pogreške u proračunu svoga večnog Oca. Znala sam da se ništa dobro neće izroditi iz njegovog mučenja: jedini ishod tog kažnjavanja biće poduka ljudima da je mogućno otresti se Boga. Božanski osuđenik posejao je po zemlji samo nekorisno seme krvi. Olovne kocke Slučaja zaludno su se koprcale u šaci stražara: dronjci beskrajne Haljine nikome nisu bili dovoljni da bi od njih sašio odeću. Uzalud sam po njegovim stopalima prosipala ofarbani val svoje kose; uzalud sam pokušavala da utešim jedinu majku koja je začela Boga. Moji krici žene i kučke nisu dopirali do moga mrtvog gospodara. Lupeži su bar delili istu kaznu: podno te osovine kuda je prošla sva bol sveta, jedino sam mogla da ometam njegov razgovor s Dimasom. Uspraviše lestve: odrešiše konopce. Bog se otkide poput zrelog ploda, spreman već da trune u zemlji groba. Prvi put njegova glava, mlitava, prihvati moje rame; sok iz njegovog srca umaza nam ruke u crveno kao za vreme berbe grožđa; Josif iz Arimateje je išao ispred nas noseći fenjer; Jovan i ja smo se pognuli pod tim telom težim od čoveka; vojnici nam pomogoše da stavimo vodenički kamen na otvor groba. Vratismo se u grad tek kad je zasvežilo po zalasku sunca. Sa zaprepašćenjem našli smo prodavnice, pozorišta, obest momaka iz krčme, večernje novine u kojima je Pasija imala mesto samo među sitnim vestima. Noć prođe u biranju najlepših od mojih čaršava kurtizane; u rano jutro, poslala sam Martu da za najpravednijeg kupi šta bude našla od mirisa. Petlovi su kukurikali kao da im je stalo da ožive Petrovo kajanje; začuđena da je svanulo, išla sam putem iz grada u čijoj su okolini stabla jabuke opominjala na Greh a vinogradi na Iskupljenje. Premda je vetar duvao sa severa, zadah božjeg leša se nije osećao. Vođena sećanjem, nepodmitljivim anđelom, ušla sam u tu pećinu izdubljenu duboko u meni; približila sam se tom telu kao sopstvenom grobu. Odrekla sam se svake nade na Uskrs, svakog obećanja vaskrsnuća. Nisam opazila da se mlinski kamen bio raspukao uzduž usled nekog božanskog vrenja: Bog se bio podigao iz smrti kao iz besanog loga: po razrušenom grobu vijorili su čaršavi isprosjačeni od baštovana. Po drugi put u svome životu našla sam se pred posteljom u kojoj je spavao jedino odsutni. Po dnu grobnice bilo je rasuto tamjanovo zrnje, osipajući se u dubinu noći. Zidovi mi vratiše moj krik nezadovoljene aveti; izbezumljena, lupala sam čelom o kameni nadvratnik. Sneg narcisa ostao je devičanski čist, netaknut od ljudi: oni koji su ukrali Boga otišli su na nebo. Sagnut nad tlom, baštovan je plevio leju: podiže glavu pod svojim velikim slamnim šeširom koji ga je ovenčavao suncem i letom; pala sam na kolena, obuzeta onom slatkom drhtavicom zaljubljenih žena koje veruju da osećaju kako im se celim telom širi supstanca njihovog srca. Na ramenima je imao grabulje koje mu služe da ukloni naše grehe: u ruci je držao klupče konca i vrtlarske makaze, stvari koje su svom večnom bratu poverile Parke. Možda se pripremao da niz korenje siđe u Pakao. Poznavao je tajnu koprivinih ujeda, hropca kišne gliste: bledilo smrti zadržalo se na njemu tako da je izgledao kao prerušen u ljiljan. Pogodila sam da će njegov prvi pokret biti pokret kojim će udaljiti od sebe tu grešnicu zatrovanu željom. Osećala sam se kao puž golać usred tog sveta cvetova. Vazduh je bio tako svež da su moji podignuti dlanovi osećali kao da se oslanjaju o led: moj mrtvi gospodar prešao je s druge strane ogledala Vremena. Para od moga daha mutila je veliku sliku: Bog iščeznu kao odsjaj na oknu jutra. Moje neprozirno telo nije predstavljalo neku prepreku za Vaskrsnutog. Ču se neki prasak, možda duboko u meni: pala sam s rukama unakrst, povučena bremenom svoga srca: ničega nije bilo iza leđa koji upravo slomih. Opet sam bila praznija od udovice, usamljenija od napuštene žene. Najzad sam upoznala svu svirepost Boga. Bog mi nije samo ukrao ljubav jednoga stvorenja, u doba kada se zamišlja da su ona nezamenjiva, Bog mi je negda oduzeo i mučnine moje trudnoće, moje snove porodilje, moje staračke dremeže u podne na seoskome trgu, grob udno zabrana u koji bi me moja deca položila. Posle moje nevinosti, Bog mi je uskratio i moje nedostatke: tek što sam počinjala kao kurtizana, oduzeo mi je prilike da se popnem na pozornicu ili zavedem Cezara. Posle svog leša, oduzeo mi je i svoju utvaru: nije čak hteo ni da se opijem nekim snom. Poput najgoreg ljubomornika, uništio mi je ovu lepotu koja me je izlagala učestalom leganju u postelje želje: moje dojke vise; ličim na Smrt, tu ostarelu ljubavnicu Boga. Poput najgoreg manijaka, voleo je jedino moje suze. Ali taj Bog koji mi je sve uzeo, nije mi sve dao. Dobila sam samo mrvicu beskonačne ljubavi: kao prvodošla, delila sam svoje srce s drugim stvorenjima. Moji nekadašnji ljubavnici legali su na moje telo, ne brinući se za moju dušu: moj nebeski prijatelj po srcu brinuo se jedino da zagreje tu večnu dušu, tako da moja druga polovina nije prestajala da pati. Pa ipak, spasao me je. Zahvaljujući njemu, od radosti sam imala samo njihov nesrećni deo, jedini koji je neiscrpan. Izmičem svakodnevici domaćinskih poslova i kreveta, mrtvom teretu novca, ćorsokaku uspeha, zadovoljavanju časti, čarima besramlja. Pošto je taj osuđenik na Magdaleninu ljubav umakao na nebo, izbegavam otužnu zabludu da sam Bogu neophodna. Prepustila sam se da me nosi veliki božanski val; ne žalim što su me ruke Gospoda iznova načinile. On me nije spasao ni od smrti ni od zala ni od zločina, jer se tek pomoću njih spasava. Spasao me je od sreće.

Kada te ponovo vidim, sve iznova postaje prozračno. Pristajem da pitam.

*

A ti odlaziš? Ti odlaziš?... Ne, ti ne odlaziš: ja te čuvam... U rukama mi ostavljaš svoju dušu poput nekog ogrtača.

*

Blizak? Ne, ti si blizu. Žalim za tobom kao za samom sobom.

*

Poznavala sam mladiće koji su potekli iz sveta bogova. Njihovi pokreti podsećali su na putanje zvezda; nije bilo čudno otkriti da je njihovo tvrdo porfirno srce neosetljivo; kad bi pružali ruku, pohlepa tih divnih prosjaka bila je porok bogova. Kao svi bogovi, pokazivali su uznemiravajuća srodstva s vukovima, šakalima, gujama: giljotinirani, dobijali su bledi izgled obezglavljenih mermernih kipova. Žene, devojke, potiču iz sveta Madona: najgore doje nadu kao dete obećano budućim raspećima. Neki od mojih prijatelja vode poreklo iz sveta mudraca, neke vrste Indije ili unutrašnje Kine: svet se oko njih rasipa u dim, blizu onih hladnih jezeraca u kojima se ogleda slika stvari košmari tumaraju kao ukroćeni tigrovi. Ljubavi, moj svirepi idolu, tvoje ruke pružene k meni krilati su kičmeni pršljenovi. Od tebe sam učinila svoju Vrlinu; pristajem da u tebi vidim Gospodarenje, Moć.

57

Poveravam se tom strašnom avionu koji pokreće srce. Uveče, u jazbinama u kojima zajedno životarimo, tvoje nago telo liči na anđela kome je naloženo da bdi nad tvojom dušom.

*

Bože moj, predajem svoje telo u tvoje ruke.

*

Kaže se: lud od radosti. Trebalo bi reći: mudar od bola.

*

Posedovati je ista stvar što i spoznavati: Sveto pismo ima uvek pravo. Ljubav je čarobnica: poznaje tajne; ona je rašljarka: poznaje izvore. Ravnodušnost je ćorava; mržnja je slepa; one posrću jedna uz drugu u jarak prezira. Ravnodušnost nipodaštava; ljubav zna; ona sriče put. Treba uživati u nekome biću da bi se imala prilika da se ono posmatra nago. Bilo je potrebno da te volim da bih razumela kako je najosrednjija ili najgora od ličnosti ljudskih dostojna da tamo gore nadahne večito žrtvovanje Boga.

*

Tome je šest dana, tome je šest meseci, tome je bilo šest godina, to će biti za šest vekova... Ah, umreti da bi se zaustavilo vreme!...

FEDON ILI ZANOS

Slušaj, Kebete... Govorim ti tiho, jer samo kada govorimo tiho slušamo sami sebe. Umreću, Kebete. Ne odmahuj glavom: nemoj mi reći da to znaš i da ćemo svi umreti. Nimalo vam nije stalo do vremena, vama, filozofima: ipak, ono postoji, pošto nas sladi kao voće i suši kao trave. Za one koji vole, vreme više ne postoji, jer ljubavnici su iščupali svoje srce da bi ga dali onima koje vole; i zato su neosetljivi prema hiljadama muškaraca i žena koji nisu njihova ljubav; i zato plaču i, sigurno, očajavaju. I baš po usporavanju tih krvavih časovnika, voljeni uočavaju približavanje starosti i smrti. Za one koji pate, vreme ne postoji; ono se poništava tako što se taloži, jer svaki trenutak mučenja je oluja stolećâ. Svaki put kad bi me zahvatala bol, žurio sam da joj se osmehnem, da bi mi se i ona sa svoje strane nasmešila, i svaka je poprimala blistav lik neke žene, utoliko lepše što se do tada nije opažala njena lepota. O boli znam ono što me podučava njena suprotnost, kao što mi je o životu jasno ono malo što već znam o smrti. Kao Narcis u izvoru, ogledao sam se u ljudskim zenicama: slika koju sam u njima video bila je tako blistava da sam sebi bio zahvalan što pružam toliko sreće. O ljubavi znam ono malo što su me naučile oči onih koji su me voleli. Nekada, u Elidi, okružen žagorom slave, merio sam rast svog mladićstva po sve drhtavijim osmesima koji su treperili oko mene. Počivajući na prošlosti svoga roda kao na plodnoj zemlji, ogrtao sam se svojim bogatstvom kao zlatnim prekrivačem. Zvezde su se okretale poput svetionika; cvetovi su postajali plodovi; đubre je postajalo cvet; sparena bića su prolazila poput robijaša ili seoskih mladenaca: frula želja, bubanj smrti, ritmovali su svoj tužni ples za koji nikada nije nedostajalo plesača. Njihova putanja, za koju su verovah da je prava, mladiću koji je ležao u središtu budućnosti pričinjavala se kružnom. Moja kosa je treperila; trepavice su mi pokrivale oči zanavek zatočene kapcima; moja je krv tekla krivudajući hiljadama staza poput onih ponornica koje u tamnim očima senki izgledaju crne, ali bi se pokazalo da su crvene ako bi sunce ikada svanulo među mrtvima. Moj ud je podrhtavao kao ptica u potrazi za tamnim gnezdom. Moje rašćenje je izazivalo rasprskavanje okolnog prostora poput plavetne kore. Uspravljao sam se: odgurnute od školskih zidova, moje su se ruke pružile u noć, nastojeći da beru Znakove; kretanje se rađalo u meni kao božanska teža; proletnja kiša slivala se niz moj nagi trup. Moje su biljke ostale moja jedina dodirna tačka sa sudbonosnom zemljom koja će me preuzeti jednoga dana. Opijen životom, posrćući od nade, da ne bih pao, oslanjao sam se o glatka i nežna ramena drugova u igri koji su slučajno prolazili: padali smo zajedno; i to smo zaplitanje nazivali ljubav. Moji krhki ljubavnici bili su za mene samo mete koje je trebalo da pogodim u srce, ždrebad koju je trebalo umirivati laganim milovanjem rukom po vratu, sve dok se pod bledim sjajem kože ne nazre tkivo rumeno od krvi. A najlepši, Kebete, bili su samo nagrada ili plen pobede, lomni pehar prinet da u njega natočimo sav svoj život. Drugi su, pak, bili ograde, prepreke, jame skrivene iza zelenog žbunja. Pošao sam za Olimpiju pod zaštitom slepog učitelja: osvojio sam nagradu na dečjem takmičenju: zlatne niti vrpci, iznenada nevidljive, gubile su se u mojoj kosi. Moja je šaka podizala disk čiji je zamah između cilja i mene ocrtavao čistu krivulju krila; deset hiljada grudi je uzdisalo na pokret moje obnažene ruke. Ležeći na krovu očinske kuće, noću sam gledao kako se zvezde okreću po olimpijskom stadionu pokrivenom tamnim peskom, ali nisam pokušavao da izgatam svoju budućnost. Činilo mi se da mi se budući dani prelivaju od milovanja boraca, prijateljskih udaraca, konja koji galopiraju prema neznano kakvoj Sreći. Odjednom je zagrajalo pod zidinama moga rodnog grada; dimni veo prekri nebesko lice. Ognjeni stubovi zameniše kamene stubove. Zveket posuda koje se s treskom rušilo priguši u kuhinji cikanje silovanih služavki; slomljena lira zaječa poput device u rukama nekog pijanog muškarca. Moji roditelji nestadoše pod ruševinama umazanim krvlju. Sve se povede, pade, sve bi uništeno, a da nisam ni znao da li se radi o istinskoj opsadi, stvarnom požaru, pravom pokolju ili su ti neprijatelji bili samo ljubavnici i nije li ono što je gorelo bilo zapravo moje srce. Bled, nag, ogledajući svoj stid u zlatnim štitovima, bio sam zahvalan tim lepim protivnicima što gaze moju prošlost. Sve se završi bičevanjem i ropskim prizorima: i u tome je, Kebete, jedna od posledica ljubavi. Nada u zaradu privukla je trgovce u zauzeti grad; stojao sam na javnom trgu; svet se sa svojim dolinama, svojim brežuljcima, kuda moji psi više neće proganjati jelenove, svojim berićetnim voćnjacima kojima više nisam raspolagao, svojim valovima po kojima više neće meko ploviti moj počinak na ljubičastoj svili, okretao oko mene kao divovski točak za mučenje na kojem sam bio raspet. Prašnjavo tlo tržnice bilo je samo hrpa ruku, nogu, grudi po kojima su kopali šiljci kopalja; znoj i krv tekli su mojim licem koje je izgledalo kao da se osmehuje, pošto me je sunce teralo da se mrštim. Crna kora od muva hvatala se na našim opekotinama. Nepodnošljiva vrelina tla terala me je da naizmenično podižem svoja bosa stopala, tako da sam, uza sav užas, izgledao kao da plešem. Zatvorio sam oči da ne bih više gledao svoj lik u besramnim zenicama: želeo sam da ukinem svoj sluh da ne bih više slušao kako prostački govore o mojoj lepoti; da začepim nozdrve kako ne bih više udisao smrad duša, toliko jak da je i zadah leševa prema njemu bio mirisav; da izgubim, najzad, svaki ukus, kako ne bih u svojim ustima osećao odvratnost svog pokoravanja. Ali su me svezane ruke sprečavale da umrem.

Jedna se ruka ovi oko mojih ramena, da bi me pridržala a ne milovala; spone spadoše s mojih nogu: izmožden žeđu i suncem, pratio sam tog neznanca izvan razbojišta u kome su poginuli oni koje čak ni stid nije prihvatio. Ušao sam u kuću čiji su zemljani zidovi zadržavali nešto blatnjave svežine; dat mi je naramak slame umesto postelje. Čovek koji me je kupio pridrža mi glavu da bi me napojio jedinim gutljajem vode koji je još ostao u mešini. Pomislih najpre na ljubav, ali njegove ruke su se zadržale na mome telu samo da bi mi previle rane. Zatim sam, kada je zaplakao trljajući me komadom balsama, pomislio na dobrotu. Ah, varao sam se, Kebete: moj je spasilac bio trgovac robljem: plakao je zato što su ga moji ožiljci sprečavali da me u atinskim javnim kućama proda po višoj ceni; obuzdavao se da me voli iz straha da se suviše ne veže uz krhki predmet kojeg se što brže treba osloboditi dok je još svež. Jer, vrline, Kebete, nemaju sve isti uzrok i nisu sve lepe. Taj me čovek povede u Korint da se pridružim brodskom tovaru njegovih robova; iznajmi za mene konja da bi mi poštedeo noge. Nije mogao da spreči utapanje dela svoje stoke dok je, za vreme oluje, prelazila jedan rečni gaz; moradosmo bez jahaćeg živinčeta proći dugi i užareni put preko Korintske prevlake; svaki je od nas dvojice, sagnut prema tlu i dotičući sopstvenu senku, nosio sunce kao teško breme. Na zavijutku kod jednog borika obzorje se rastvori i ukaza nam se Atina: polegnut poput devojke, grad je stidljivo ležao između mora i nas. Hram na brežuljku spavao je poput nekog ružičastog boga. Suze mi, koje ni nesreća mje mogla izazvati, potekoše zbog lepote. Iste večeri prođosmo kroz Dipilonsku kapiju: ulice su zaudarale na mokraću, užeglo ulje i prašinu koju je raznosio vetar. Trgovci užadima galamili su na raskršćima, nudeći prolaznicima priliku da se zadave, koju oni nisu koristili. Zidovi kuća zaklanjali su mi Partenon. Jedan je fenjer svetleo na pragu ženske kuće: sve su sobe bile prepune ćilimova i srebrnih ogledala. Raskoš moga zatvora me uplaši da ću zauvek biti prinuđen da u njemu ostanem. Da bih plesao, bešumno uđoh u malenu kružnu odaju, s niskim stolovima, uzbuđeniji negoli onog jutra kada sam se nadmetao u Olimpijskom borilištu. Kao dete plesao sam po livadama punim divljih narcisa, birajući najsvežije da na njih položim stopala. Plesao sam po ispljuvcima, narančinim korama, po krhotinama čaša koje su razbijali pijanci. Moji obojeni nokti su sijali u krugu svetiljki; isparavanje toplog mesa i pare s usana sprečavali su me da lica mušterija vidim dovoljno razgovetno da bih ih zamrzeo. Bio sam gola utvara koja pleše za sablasti. Sa svakim udarom pete o prljavi pod sve sam dublje zabijao svoju prošlost, svoju budućnost mladoga kneza: moj beznadni ples gazio je po Fedonu. Jedne večeri neki čovek s modrim usnama sede za najosvetljeniji sto: nisu mi bila potrebna gazdina laskanja da bih u njemu prepoznao pripadnika ljudskog Olimpa. Bio je lep poput mene, ali lepota je bila samo jedno od svojstava tog mnogolikog bića kome je jedino besmrtnost nedostajala da bi bilo bog. Cele me je noći taj pripiti mladić gledao kako plešem. Vratio se i sutradan, ali više nije bio sam. Trbušasti starčić koji ga je pratio ličio je na jednu od onih igračaka koje olovni teret uvek uspravlja uprkos nastojanjima dece da ih preture. Osećalo se da taj lukavi debeljko ima svoje težište, svoju osovinu, svoju sopstvenu gustinu koju nisu mogli izmeniti ni napori njegovih osporavalaca: Apsolut, u koji je čudesno zakoračio svojim satirskim nogama, služio je kao postolje toj ličnosti zbiljskoj poput stabla drveta, idealnoj poput karikature, koja je toliko bila dovoljna sebi da je postala sopstveni tvorac. Za tog je mudraca um bio samo vrsta čistog prostora u kojem se on nije zamarao rukujući oblicima: Alkibijad je bio bog, ali je ovo ulično tumaralo bilo nalik Svemiru. Pod njegovim otrcanim ogrtačem tražili smo noge nebeskog Jarca. Nabujao od mudrosti, taj je čovek kolutao velikim bledim očima nalik sočivima u kojima su vrline i mane duša izgledale uvećane. Usredsređenost njegovog pogleda kao da je okrepljivala mišiće mojih nogu, kosti mojih zglavaka, kao da sam na petama imao krila njegove misli. Pred tim je Panom, koga je isklesao neki nespretni kipar i koji je svirao u frule uma melodije večnog života, moj ples prestajao da bude izgovor da bi postao sudbinski čin, kao kretanje zvezda; i kao što je mudrost u očima razvratnika vrhunsko ludilo, vinom opijeni gledaoci videše u mojoj lakoći vrhunac prekomerja. Alkibijad zapljeska da bi pozvao zakupca plesne kuće: moj gazda priđe pružajući dlan da bi dobio malo zlata. Taj čovek koji se u gnusobi dobro osećao nije računao samo s dobitkom od nekoliko drahmi: svaki porok koji bi nanjušio u dubini ilovače čovekove budio je u njemu istovremeno nadu u dobar posao i utešno osećanje bratstva po niskosti. Moj me gospodar pozva da bi mušterije mogle proceniti živu robu: seo sam za njihov sto, nagonski opet nalazeći, pored tog mladića sličnog mome izgubljenom ponosu, svoje pokrete slobodnog dečaka. Potrošivši zlatnike iz pojasa, Alkibijad je, da bi me kupio, skinuo i dve od svojih teških narukvica. Sutradan je polazio u rat na Siciliju: sanjao sam već da se poput krotkog štita isprsim između opasnosti i njega. Ali taj me je mladi rasejani bog otkupio samo da bi ugodio Sokratu: prvi put u svom životu osećao sam se odbačen; to ponižavajuće odbijanje izručivalo me je Mudrosti. Sva trojica smo izišli na ulicu izlokanu nedavnom olujom: Alkibijad nestade u grmljavini kola; Sokrat uze svoj fenjer, i ta slabašna zvezda pokaza se od veće pomoći nego hladne nebeske oči. Išao sam za svojim novim gospodarom do njegove kućice u kojoj ga je sačekala neka neuredna žena, s ustima natečenim od psovki; neočešljana deca su drečala u kuhinji; gamad je vrvela po posteljama. Siromaštvo, starost, sopstvena ružnoća i lepota drugih šibali su tog pravednika svojim zmijskim remenjem: kao i svi mi bio je samo rob osuđen na smrt. Na sebi je osećao breme niskih poročnih naklonosti, koje su najčešće samo odsustvo poštovanja. No, umesto da se oslobodi putem odricanja, nepomičan kao leš koji strahuje da čelom ne udari o kamenu pokrivku svoje grobnice, taj čovek je shvatio da je sudbina samo šuplji kalup u koji ulivamo svoju dušu, a da nas život i smrt prihvataju kao vajare. Taj je besposličar naizmenično oponašao svoga oca kamenoresca i svoju majku babicu: kao primalja, oslobađao je duše; kao klesar, obasut zamerkama kao mramornim prahom, iz lomljive je ljudske gromade vajao božanski lik. Mnogostruka poput vidova stvari, njegova mu je mudrost nadoknađivala radosti razvratnika, pobednička slavlja atlete, izazovne opasnosti pustolova na moru slučajnosti. Siromašan, uživao je u bogatstvima kojima bi mogao da raspolaže da se nije bio odao nevidljivim dobicima; čedan, svake je večeri kušao slasti razvrata kojima bi se predao da ih je smatrao probitačnim za Sokrata; ružan, on se nevino gostio pravom lepotom kojom je udes okitio Harmida, tako da je naoko groteskno telo u koje je sudbina naselila njegovu dušu bilo samo jedno od mnogih obličja, nimalo dragocenije od ostalih, beskrajnog Sokrata. Slična slobodi boga, koji možda stvara svetove, njegova sloboda oličavala se u njegovim bićima. Shvatio je da je kovitlac koji je nosio moje bose noge u nekoj vezi s nepomičnošću njegovih tajnih zanosa: video sam ga uspravnog, ravnodušnog prema zvezdama koje su kružile ne povećavajući njegovu vrtoglavicu, kao crni oblik uzdignut nad svetlom atičkom noći, kako odoleva strašnom lednom severcu koji duva iz Božjih dubina. Jutrom bih duž polja lavande pratio tog uzvišenog svodnika koji je svakoga dana pred atinsku mladež iznosio nove gole istine. Sledio sam ga duž Kraljevskog trema gde mu je smrt hukala poput sove u Anitovom liku. Kukuta je izrasla u jednom isušenom kutku polja: grnčar s Agore načinio je vrč u koji će biti usut otrov; klevete su imale dovoljno vremena da sazru na suncu Prezira. Jedini sam bio upućen u tajnu mudračevog umora: jedini sam ga ja viđao kako se diže iz svoje bedne postelje i stenjući se saginje dok traži svoje sandale. Ali, prosti umor ne bi tog sedamdesetogodišnjaka primorao da se odrekne ono još malo daha što mu ostaje. Taj starac koji je celog svog života trampio jasnu istinu za drugu još jasniju, lepo voljeno lice za drugo još lepše, otkrio je najzad da svakodnevnu i sporu smrt koju su mu iznutra pripremale njegove arterije može da zameni za korisniju, pravedniju smrt, proizašlu iz njegovih postupaka, rođenu iz njega poput odane devojke koja bi, dok se veče spušta, dolazila da ga pokrije u krevetu. Dovoljno stamena da traje nekoliko vekova, čuvajući uspomenu na njega, ova se smrt svrstavala u niz dobrih dela koja su sačinjavala njegov život, i produžavala ga u večni život. Bilo je pravedno da Atina na tvrdoj sedri Zakona svakog dana podiže sve oholije hramove božanstvima iz časa u čas sve savršenijim; i bilo je pravedno da on, kudilac, sedi pod tim tremovima, manje lepim nego što je čista misao, i poučava mladiće da se pouzdaju jedino u svoju dušu. Bilo je pravedno da mu, po naredbi helijasta, dođe poslužitelj u žalosti i pruži vrč napunjen gorkim napitkom; i bilo je takođe pravedno da ta krotka smrt umrlja toliku plavet i ipak je učini još plavetnijom. Za njega je, nesumnjivo, Smrt imala više čari nego Alkibijad, pošto je nije ometao da mu se uvuče u krevet. Bilo je to jedne večeri u godišnje doba kada su ruke mladih prosjaka pune ruža, u času kada sunce pokriva Atinu poljupcima pre nego sto će se oprostiti s njom. Neki se brodić vraćao u luku, sklapajući oba svoja krila, beo poput božanskog labuda kome su hodočasnici išli da se mole. Tamnica je bila izdubljena u boku stene; otvorena vrata su propuštala unutra povetarac i uzvike vodonoša; iz dubine zatvora sličnog pećini, nazirao se, u bledo slezovoj boji, hram, kao božanska Ideja. Bogati Kriton je jadikovao, pogođen što mu učitelj nije dopustio da mu put prema bekstvu poploča zlatom; Apolodor je plakao gutajući suze kao dete; moja su stisnuta prsa zadržavala jecaje; Platon je bio odsutan. Simija je, s perom u ruci, užurbano zapisivao poslednje reči nenadoknadivog čoveka. Ali reči su već nerado izmicale iz tih smirenih usta: mudrac je, bez sumnje, shvatio da je jedini razlog postojanja stazâ za Raspravu, kojima je neumorno prolazio celog svog života, u tome da dovedu do ruba tišine u kojoj kuca srce bogova. Uvek nailazi trenutak kada naučimo da valja zaćutati, možda zato što smo najzad postali dostojni da slušamo, trenutak kada prestajemo da delujemo, zato što smo naučili da netremice gledamo nešto što je nepomično, a ta mudrost mora da je mudrost mrtvih. Klečao sam pored ležaja: moj učitelj položi ruku na moju lepršavu kosu. Znao sam da je njegovo postojanje, posvećeno uzvišenom padu, svoje glavne vrline crpilo iz ljubavnih čari koje je nastojalo da dosegne samo da bi ih nadišlo. Pošto je telesna put, i pored svega, najlepši ogrtač kojima se duša može oviti, šta bi Sokrat bio bez Alkibijadovog osmeha i Fedonove kose? Tog su starca, koji je od sveta poznavao samo atinska predgrađa, nekoliko nežnih, voljenih tela podučavala ne samo o Apsolutu nego i o Svemiru. Pomalo drhtave, njegove su se ruke na mom potiljku gubile kao u nekoj dolini u kojoj trepti proleće: odgonetnuvši, najzad, da se večnost sastoji od niza trenutaka među kojima je svaki bio jedinstven, osećao je kako pod njegovim prstima izmiče svilasti i plavi oblik večnog života. Tamničar uđe, noseći vrč pun kobnog soka nedužne biljke; moj učitelj ga ispi; skidoše mu okove; ja sam mu blago trljao noge sleđene od umora, i njegova poslednja reč je bila da je naslada istovetna sa svojom sestrom boli. Zaplakah kad čuh tu izreku koja je opravdavala moj život. Kada je legao, pomogao sam mu da pokrije lice naborima svoga starog ogrtača. Poslednji put sam na svome licu osetio dobri, kratkovidni pogled njegovih krupnih očiju kao u tužnog psa. Tada nam, Kebete, naloži da žrtvujemo petla Medicini: ode odnoseći sa sobom tajnu te vrhunske vragolije. Ali ja sam verovao da razumem da je taj čovek, umoran od pola stoleća mudrosti, hteo da malo odrema pre nego što mu se ukaže prilika za Uskrsnuće; nesiguran u budućnost, jednom zasvagda zadovoljan što je bio Sokrat, poželeo je da zavrne šiju vesniku večnog jutra. Sunce zađe; srce se zamrznu: ohladiti se, to je prava smrt mudraca. Mi, učenici, spremni da se razdvojimo da se više nikada opet ne vidimo, osećali smo jedni prema drugima jedino ravnodušnost, dosadu, možda mržnju: bili smo već samo rasuti udovi utrnutog Filosofa. U svima se brzo razviše klice smrti koje je sadržavao njihov život: Alkibijad podleže na pragu zrelosti, pogođen strelama Vremena; Simija istrunu živ na klupi u nekoj taverni, a bogati Kriton umre od kapi. Jedino ja, postavši nevidljiv pomoću brzine, nastavljam oko nekoliko grobova da svezujem svoju ogromnu parabolu. Plesati na mudrosti znači plesati na pesku. More pokreta svakoga dana odnosi po okrajak ove puste zemlje na kojoj život ne uspeva. Nepomičnost smrti za mene može biti samo poslednji stepen vrhunske brzine: pod pritiskom praznine rasprsnuće se moje srce. Moj ples već prelazi bedeme gradova, zemljane nasipe Akropolja, a moje telo, vrteći se poput vretena Parki, ispreda sopstvenu smrt. Pokrivena penom, moja se stopala još spuštaju na vrh jednog vala koji ostali talasi neprestano raspršavaju, ali moje čelo dodiruje zvezde, a vetar prostranstva čupa iz mene retke uspomene koje me sprečavaju da se obnažim. Sokrat i Alkibijad samo su još imena, znamenja, zaludne figure ocrtane u ništavilu lakim dodirom mojih stopala. Slavoljublje je samo varka; samu je sebe mudrost obmanula; čak je porok lagao. Nema ni vrline, ni samilosti, ni ljubavi, ni stida, ni njihovih moćnih suprotnosti, nema ničega sem prazne školjke koja pleše povrh radosti koja je u isti mah Bol, munja lepote u oluji oblika. Fedonova se kosa izdvaja iz svemirske noći poput tužnog meteora.

Ljubav je kazna. Kažnjeni smo što nismo mogli da ostanemo sami.

*

Treba voleti neko biće da bismo se izložili opasnosti da zbog toga patimo. Treba te mnogo voleti da bih ostala sposobna da te odbolujem.

*

Ne mogu da odolim da u svojoj ljubavi ne vidim neki istančani oblik razvrata, smicalicu da mi prođe Vreme, da se ratosiljam Vremena. Zadovoljstvo izvodi usred neba prinudno sletanje, u buci motora pomahnitalog od poslednjih trzaja srca. Molitva nas penje u lebdeći let; duša za sobom povlači telo u vaznesenju ljubavi. Da bi vaznesenje bilo mogućno, neophodan je neki bog. Ti imaš tačno onoliko lepote, zaslepljenosti i zahteva koliko je dovoljno da bi oličavao Svemogućeg. Od tebe sam u nedostatku boljeg napravila ključ svog svemirskog svoda.

Tvoja kosa, tvoje ruke, tvoj osmeh izdaleka me podsećaju na nekog koga obožavam. Pa, na koga? Na tebe.

*

Dva časa ujutro. U kantama za smeće pacovi glođu ostatke mrtvoga dana: grad pripada avetima, ubicama, mesečarima. Gde si ti, u kojem krevetu, u kojem snu? Sretnem li te, proći ćeš ne videći me, jer nas naši snovi ne vide. Nisam gladna: večeras ne uspevam da svarim svoj život. Umorna sam: svu noć sam hodala sejući uspomenu na tebe. Nesanica me mori: ne žudim čak ni za smrću. Sedeći na nekoj klupi, obamrla i protiv volje od nailaska jutra, prestajem se podsećati da te pokušavam zaboraviti. Zatvaram oči... Kradljivci žele samo naše prstenje, ljubavnici samo telesnu pût, propovednici samo naše duše, ubice samo život. Mogu da uzmu moj: čikam ih da u njemu ništa ne promene. Zabacujem glavu da bih ponad sebe čula trepet lišća... Ja sam u šumi, u polju... to je trenutak kada se Vreme prerušava u čistača, a Bog možda u skupljača dronjaka. On tvrdica, on trdoglavac, on koji ne pristaje na to da se neki biser izgubi u hrpama ljuspi od ostriga pred vratima krčmi. Oče naš koji si na nebu... Da li ću ikada videti kako pored mene seda starac u smeđem ogrtaču, kaljavih nogu jer je, kako bi me stigao, prešao preko bogzna koje reke? Skljokao bi se na klupu, držeći u zatvorenoj šaci izuzetno dragoceni poklon koji bi bio dovoljan da sve promeni. Otvarao bi prste polako, jedan za drugim, veoma oprezno, pošto to može da odleti... Šta bi držao? Pticu, klicu, nož, ključ za otvaranje konzerviranog srca?

*

Duha? U boli? Mnogo je soli u suzama.

*

Strah od ničega? Strahujem od tebe.

KLITEMNESTRA ILI ZLOČIN

Objasniću vam, gospodo sudije... Preda mnom su bezbrojne očne duplje, krivulje ruku položenih na kolena, bose noge oslonjene o kamen, nepomične zenice iz kojih teče pogled, zatvorena usta u čijem ćutanju sazreva presuda. Preda mnom je kamena porota. Ubila sam tog čoveka nožem, u kupatilu, uz pomoć svoga bednog ljubavnika koji nije uspevao čak ni da mu pridrži noge. Vi poznajete moju povest: nema nijednog među vama koji je nije ponovio dvadeset puta posle dugih obeda, propraćenu zevanjem sluškinja, i nema nijedne među vašim ženama koja nije bar tokom jedne noći u svome životu sanjala da bude Klitemnestra. Vaše zločinačke misli, vaše nepriznate zavisti, valjaju se niz stepenike i ulivaju u mene, tako da neka vrsta strašne uskomešanosti čini od vas moju savest i od mene vaš krik. Došli ste ovamo da biste videli kako se prizor ubistva ponavlja pred vašim očima nešto brže no u zbilji, jer pošto vas je večera prizvala kućnom ognjištu možete da žrtvujete najviše nekoliko časaka da biste me čuli kako plačem. I u to malo vremena potrebno je ne samo da se moja dela, već i njihovi razlozi pokažu u punom svetlu, razlozi koji su tražili četrdeset godina da bi se potvrdili. Čekala sam tog čoveka pre nego što je imao ime, lice, kada je bio još samo moja daleka nesreća. U gomili živih tražila sam to biće neophodno mojim budućim nasladama: gledala sam na ljude jedino kao na obezličene prolaznike pred staničnim prozorčetom, da bih se uverila da među njima nema onog očekivanog. Zbog njega me dojkinja prepovijala kad sam odvojena od majke; da bih vodila njegovo bogato domaćinstvo, učila sam račun na školskoj tablici. Da bih kitila put kojim će možda proći noga toga neznanca koji će me pretvoriti u svoju sluškinju, tkala sam sukno i zlatne stegove; vezući šare, puštala sam da mi tu i tamo po nežnom tkanju padne poneka kap krvi. Roditelji su mi ga izabrali: pa i da me je oteo bez znanja moje porodice, pokorila bih se ipak zavetu svoga oca i svoje majke, pošto naše sklonosti potiču od njih, i pošto je čovek koga volimo uvek onaj koga su sanjale naše bake. Dopustila sam mu da žrtvuje budućnost naše dece svom muškom slavoljublju: nisam čak ni zaplakala kada mi je zbog toga ćerka platila životom. Pristala sam da se rastopim u njegovoj sudbini kao plod u ustima, da bih mu uvećala osećaj slasti. Vi ste ga, gospodo sudije, poznavali samo otežalog od slave, ostarelog desetogodišnjim ratovanjem, kao ogromnog idola izlizanog milovanjima azijskih žena, poprskanog blatom iz rovova. Jedino ja, jedino sam ga ja znala u doba kada je bio bog. Uživala sam da mu na velikom bakarnom poslužavniku donesem čašu vode koja ga je iznutra obasipala svojim zalihama svežine; uživala sam da mu, u užarenoj kuhinji, pripremam jela koja su utaživala njegovu glad i nalivala ga krvlju. Uživala sam, obremenjena njegovim muškim semenom, da stavim ruke na svoj nabrekli stomak u kojem su rasla moja deca. Uveče, posle lova, s radošću sam mu se bacala na zlatna prsa. Ali muškarci nisu stvoreni da provedu celi svoj život grejući ruke na vatri istog ognjišta: pošao je u nova osvajanja, i ostavio me je poput neke prazne kućerine ispunjene otkucavanjem suvišnog časovnika. Vreme provedeno daleko od njega oticalo je nepotrošeno, kap po kap ili u bujicama, kao izgubljena krv, te sam svaki dan bivala sve siromašnija budućnošću. Pijani vojnici na odsustvu pričali su mi o njegovom životu u pozadinskim logorima: po Istočnoj armiji su pustošile žene: Jevrejke iz Soluna, Jermenke iz Tiflisa čije su plave oči pod osenčenim kapcima podsećale na izvore udno neke mračne pećine, teške i podatne Turkinje poput slatkih kolača iz kojih curi med. Dobijala sam pisma za godišnjice; život mi je proticao u vrebanju hromog koraka poštara na putu. Danju sam se borila sa strepnjom, noću sa željom, neprestano s prazninom, tim rasplinutim oblikom nesreće. Godine su tekle duž pustih ulica kao povorka udovica; seoski trg se crneo od žena u koroti. Zavidela sam tim nesrećnicama što imaju još samo zemlju za suparnicu i što bar znaju da njihov muškarac spava sam. Umesto njega nadzirala sam poljske radove i morske puteve; ambarila sam žetve; starala da se glave razbojnika nataknu na kolac na pijačnom trgu; služila se njegovom puškom da pucam u vrane; u lovu sam po slabinama tukla njegovu kobilu smeđim platnenim nazuvkama. Malo-pomalo sam se pretvarala u muškarca koji mi je nedostajao i kojim sam bila obuzeta. Završilo se tako što sam belo grlo sluškinja gledala istim okom kojim i on. Egist je galopirao pored mene po zaparloženim njivama; njegovo mladićstvo podudarilo se s dobom mog udovištva; bilo mu je skoro vreme da se pridruži muškarcima; vratio me je ponovo u doba poljubaca koje sam razmenjivala s rođacima u šumama za vreme letnjih raspusta. U njemu sam manje videla ljubavnika nego dete koje mi je napravila odsutnost; plaćala sam njegove račune sedlarima i trgovcima konjima. Neverna svom čoveku, još sam ga oponašala: Egist je za mene bio samo protivteža azijskim ženama ili gnusnoj Argini. Gospodo sudije, postoji samo jedan čovek na svetu: ostali su za svaku ženu jedino zabluda ili žalosna neophodnost. I preljuba je često samo očajnički oblik vernosti. Ako sam nekog prevarila, to je sigurno ovaj jadni Egist. Bio mi je potreban da bih znala do koje je mere onaj koga sam volela nezamenjiv. Kad bi mi dojadilo milovanje s njim, penjala sam se na osmatračnicu da sa stražarem podelim nesanicu. Jedne noći, obzorje na istoku zaplamsa tri časa pre zore. Troja je gorela: vetar iz Azije raznosio je po moru iskre i oblake pepela; straže po vrhovima zapališe vatre radosti: planine Atos i Olimp, Pind i Erimant plamtele su poput lomača; završni plameni jezik sinu naspram mene na malom brežuljku koji mi je već dvadeset i pet godina zaklanjao vidik. Videla sam stražarevo čelo s kacigom kako se naginje da bi oslušnuo šumor talasa: negde na moru, čoveka optočenog zlatom, nalakćenog na pramcu, svaki zamah elise je približavao ženi i odsutnom ognjištu. Silazeći s kule, naoružah se nožem. Htela sam da ubijem Egista, da operem drvo postelje i kameni pod sobe, da s dna kovčega izvučem haljinu koju sam nosila prilikom odlaska, najzad da izbrišem tih deset godina kao prostu ništicu u ukupnom zbiru svojih dana. Prolazeći ispred ogledala, zastala sam da bih se osmehnula: neočekivano sam se ugledala; i taj me je pogled opomenuo da mi je kosa osedela. Gospodo sudije, deset godina je nešto: to je duže od rastojanja između grada Troje i dvorca u Mikeni; taj kutak prošlosti je i viši nego mesto na kojem smo, jer se može samo silaziti a ne i penjati u vremenu. To je kao u košmarima: svaki korak koji učinimo udaljava nas od cilja umesto da nam ga približava. Umesto svoje mlade žene, kralj će na pragu naći neku vrstu gojazne kuvarice; pohvaliće je zbog sređenosti donjih dvorišta i podruma: nisam mogla da očekujem išta više od nekoliko hladnih poljubaca. Da sam za to imala hrabrosti ubila bih se pre njegovog povratka, da mu na licu ne bih čitala razočaranje što me nalazi uvelu. Ali htela sam bar da ga vidim pre nego što umrem. Egist je plakao u mojoj postelji, preplašen kao nevaljalo dete koje oseća da se bliži čas kad će otac da ga kazni; prišla sam mu; upotrebih svoj najvarljivije blagi glas, kako bih ga uverila da ništa nije otkriveno o našim noćnim sastancima, i da nema razloga da ga stric prestane voleti. Nadala sam se, naprotiv, da on već sve zna i da su gnev i želja za osvetom načinili tako mesta za mene u njegovim mislima. Da bih u to bila sigurnija, sredila sam da mu glasnik odnese na brod anonimnu poruku u kojoj se preuveličavala moja krivica: naoštrila sam nož koji je trebalo da mi otvori srce. Računala sam da će se on možda poslužiti svojim rukama, toliko puta ljubljenim, da bi me zadavio: umrla bih barem u tom zagrljaju. Dođe dan kada se najzad ratni brod ukotvi u nauplijskoj luci usred graje pozdravnih povika i fanfara; obronci pokriveni crvenim makom izgledali su kao okićeni zastavama po naredbi leta; vaspitač je deci iz naselja poklonio slobodan dan; crkvena zvona su zvonila. Čekala sam na pragu Lavljih vrata; ružičasti suncobran skrivao je moje bledilo. Točkovi kola škripali su na strmom nagibu; seljani su se upregli u rude da bi pomogli konjima. Na okuci puta videh najzad kako se kočije pomaljaju iznad živice, i opazih da moj čovek nije sam. Pored njega je bila neka turska veštica koju je izabrao kao svoj udeo u plenu, premda je možda bila pomalo oštećena u igrama vojnika. Bila je skoro dete; imala je lepe zagasite oči na žutom licu išaranom ubojima; milovao ju je po ruci sprečavajući je da plače. Pomože joj da siđe s kola; hladno me zagrli, reče mi da računa na moju plemenitost prema toj devojci čiji su otac i majka mrtvi; steže Egistovu ruku. I on se bio promenio. Hodao je dahćući; njegov ogromni i crveni vrat prelazio mu je preko ovratnika košulje; njegova riđe obojena brada gubila se u naborima grudi. Ipak, bio je lep, ali lep kao bik umesto kao bog. Ispeo se s nama stepenicama uz trem koji sam bila zastrla purpurom, kao na dan svoje svadbe, da se po njemu ne bi videla moja krv. Jedva me je pogledao; za večerom nije ni zapazio da sam pripremila sva njegova omiljena jela; popio je dve, tri čaše alkohola; pocepani omot anonimnog pisma izvirivao je iz jednog od njegovih džepova; namigivao je okom prema Egistu; kod deserta je mrmljao neke pijane doskočice o ženama koje traže da budu tešene. Beskonačno dugo veče izmilelo je na terasu na kojoj su dosađivali komarci: razgovarao je turski sa svojom drugaricom; ona je bila, izgleda, ćerka nekog plemenskog poglavice; po njenim pokretima zapazila sam da je nosila dete. Bilo je možda njegovo, ili nekog od vojnika koji su je, smejući se, izvukli van roditeljskog logora i bičem je doterali do naših šančeva. Činilo se da je obdarena da pogađa budućnost: da bi nas razonodila, čitala nam je iz dlana. Tada je pobledela, i

75

zubi joj zacvokotaše. I ja sam, gospodo sudije, poznavala budućnost. Sve žene je znaju: uvek računaju na to da se sve završava loše. Imao je običaj da se okupa u toploj vodi pre nego što legne. Popela sam se da sve pripravim: šum vode koja je tekla dopuštao mi je da glasno grcam. Zagrejala sam kupatilo vatrom od drva. Sekira koja je poslužila za cepanje panjeva povlačila se po podu; ne znam zašto, sakrila sam je iza vešalice za peškire. Na trenutak, imala sam želju da sve udesim kao nesrećni slučaj bez tragova, tako da bi petrolejka bila jedina okrivljena. No, htela sam da ga prinudim da me bar umirući pogleda u lice: ubila sam ga jedino zbog toga da bih ga prisilila da shvati da ja nisam bila nevažna stvar koja se može pustiti da padne, ili da se ustupi prvom koji naiđe. Mirno sam pozvala Egista; pomodrio je čim sam zaustila: naredih mu da me sačeka na stepenicama. Drugi se teško penjao stepenik po stepenik; skide košulju; njegova koža u toploj vodi postade ljubičasta. Nasapunjala sam mu potiljak: tako jako sam drhtala da mi je sapun svaki čas isklizavao iz ruku. Bilo mu je pomalo zagušljivo; naredi mi grubo da otvorim prozor smešten previsoko za mene; viknuh Egista da dođe da mi pomogne. Čim on uđe, zaključala sam vrata. Drugi me nije video, jer nam je bio okrenut leđima. Moj prvi, nespretni udarac zakači ga samo po ramenu; on se sasvim uspravi; njegovo se lice osu crnim mrljama kao mramor; rikao je poput bika; užasnut, Egist mu obgrli kolena, možda da bi zatražio oproštaj. On izgubi ravnotežu na klizavom tlu kupatila, i pade kao pršt, licem u vodu, s klokotom koji je ličio na hropac. Tada sam mu nanela drugi udarac, koji mu rascepi čelo. Ali verujem da je već bio mrtav: bila je to samo još meka i topla podrtina. Govorilo se o crvenim bujicama: u stvari, veoma je malo krvario. Iz mene je isteklo više krvi dok sam rađala njegovog sina. Pošto je umro, ubili smo njegovu ljubavnicu: to je bilo velikodušnije, ako ga je volela. Seljani su stali na našu stranu; oni su ćutali. Moj je sin bio suviše mlad da bi dao maha svojoj mržnji prema Egistu. Prošlo je nekoliko nedelja: trebalo je da se osetim spokojna, ali vi znate, gospodo sudije, da se to nikada ne dešava, i da sve iznova počinje. Ponovo sam počela da ga očekujem: vratio se. Ne odmahujte glavom: kažem vam da se vratio. On koji se tokom deset godina nijednom nije pomučio da uzme osmodnevno odsustvo da bi se vratio iz Troje, vratio se iz smrti. Uzalud sam mu odsekla noge da bih ga onemogućila da izlazi iz groba: to ga nije sprečavalo da mi se, svečeri, došunja držeći svoje noge pod miškom, kao što kradljivci nose svoju obuću da ne bi pravili buku. Pokrivao me je svojom senkom; ničim nije pokazivao da opaža Egistovo prisustvo. Zatim me je moj sin prijavio policiji: ali i taj moj sin je njegova utvara, njegova avet od krvi i mesa. Verovala sam da ću bar u tamnici biti mirna; no, on se ipak vraća: reklo bi se da više voli moju ćeliju od svoje grobnice. Znam da će mi glava najzad pasti na seoskom trgu, i da će Egistova dospeti pod isti nož. Smešno je, gospodo sudije, ali reklo bi se čak da ste mi već često sudili. Ah ja, na svoju nesreću, znam da mrtvi nemaju počinka: opet ću ustati, vodeći Egista za svojim petama poput nekog žalosnog hrta. Hodiću noću putevima u potrazi za Božjom pravdom. Ponovo ću naći tog čoveka u nekom kutku svoga pakla: ponovo ću radosno vriskati pod njegovim prvim poljupcima. Zatim će me on napustiti: otići će da osvaja neku pokrajinu Smrti. Pošto je vreme krv živih, večnost mora biti od krvi seni. Moja će večnost čileti u očekivanju njegovog povratka, tako da ću ubrzo biti najbleđa od svih utvara. Tada će se on vratiti da bi me prezreo: milovaće preda mnom svoju žutu turšku vešticu naviknutu da se igra s grobnim koskama. Šta učiniti? Nemogućno je, ipak, ubiti mrtvaca.

Prestati da budeš voljena, to znači postati nevidljiva. Ne zapažaš više da imam telo.

*

Između smrti i nas, ponekad je samo tanušnost jednog jedinog bića. Kad se to biće ukloni, ostaće jedino smrt.

*

Kako bi bilo otužno biti srećan!

*

Svaku od svojih sklonosti dugovala sam uticaju slučajnih prijatelja, kao da sam svet mogla da prihvatim samo posredstvom ljudskih ruku. Od Hijakinta mi je sklonost prema cveću, od Filipa sklonost prema putovanjima, od Celesta sklonost prema lekarstvu, od Aleksisa sklonost prema čipkama. Od tebe, zašto ne, sklonost prema smrti?

SAPFO ILI SAMOUBISTVO

Upravo sam duboko u ogledalima jedne kolibice vide-
la ženu koja se zove Sapfo. Bleda je kao sneg, smrt, ili
svetlo lice gubavih. A pošto se šminka da bi prikrila to
bledilo, izgleda kao leš neke ubijene žene na čijim je
obrazima ostalo malo njene sopstvene krvi. Njene upale
oči utonule su bežeći od dana, daleko od svojih suvih ka-
paka koji ih čak više i ne zaklanjaju. Njene duge vitice pa-
daju u pramenovima, kao šumsko lišće kad naiđu rane
oluje; svakoga dana čupa nove sede vlasi, i tih niti od ble-
de svile biće ubrzo dovoljno da od njih izatka sopstveni
pokrov. Oplakuje svoju mladost kao neku ženu koja ju je
izdala, svoje detinjstvo kao neku devojčicu koju je izgu-
bila. Mršava je: dok se kupa, odvraća pogled od ogledala
da ne bi videla svoje jadne dojke. Luta od mesta do me-
sta s tri velika kovčega puna lažnih perli i mrtvih ptica.
Akrobatkinja je kao što je u antičkim vremenima bila pe-
snikinja, zato što je naročiti oblik njenih pluća prisiljava
da izabere zanat koji se upražnjava između zemlje i neba.
Izložena cirkuskim životinjama koje je proždiru očima,
svake večeri u prostoru zakrčenom čekrcima i jarbolima
ispunjava svoje zvezdane obaveze. Njeno telo zalepljeno
na zidu, sitno iseckano blistavim plakatskim slovima,
predstavlja deo te grupe utvara na glasu koje lebde ponad
sivih varoši. Namagnetisano stvorenje, odveć krilato za
tlo, odveć telesno za nebo, svojim stopalima natrljanim
voskom raskinulo je ugovor koji nas veže za zemlju; Smrt
maše pod njom maramama vrtoglavice, ne uspevši ikada
da joj zamuti oči. Izdaleka, naga, ukrašena zvezdicama,
nalik je atleti koji odbija da bude anđeo da ne bi snizio ce-

nu svojih smrtonosnih skokova; izbliza, obavijena dugim ogrtačem koji joj zamenjuje krila, vidimo da izgleda kao da je prerušena u ženu. Jedino ona zna da je u njenim grudima srce preteško i preveliko da bi se smestilo drugde a ne udno grudi proširenih dojkama: to breme skriveno u kavezu od kostiju daje svakom od njenih uzleta u prazninu smrtonosni ukus nesigurnosti. Pošto ju je upola proždrala ta neutoljiva zverka, ona nastoji da u potaji kroti svoje srce. Rođena je na ostrvu, što je već početak usamljenosti: zatim, njen je zanat prisiljava svake večeri na neku vrstu izdvojenosti u visini; ležeći na postolju svoje zvezdane sudbine, izložena polugola svim vihorima ponora, ona pati od nedostatka nežnosti kao što se pati od nedostatka jastuka. Muškarci njenog života bili su samo prečage na lestvama kojima se penjala, ne mogući da pritom ne uprlja stopala. Direktor, trombonista, urednik za publicitet, bili su joj odvratni zbog navoštenih brkova, cigara, rakije, kravata na pruge, kožnih buđelara, zbog svih spoljašnjih atributa muškosti koji navode žene na sanjarenje. Jedino su još tela mladih devojaka bila dovoljno nežna, dovoljno podatna, dovoljno gipka, da bi s njima mogle da rukuju ruke tog velikog anđela koji se zbog igre pravio da ih ispušta usred ponora: nije uspevala da ih dugo zadrži u tom apstraktnom prostoru ograničenom sa svih strana šipkama trapeza: brzo prestrašene tom geometrijom koja se menja s udarom krila, sve su uskoro odbile da joj budu nebeske drugarice. Ona mora da siđe na zemlju da bi se našla na ravnoj nozi s njihovim životom iskrpljenim od rita koje nisu čak ni pelene, tako da to nežno druženje na kraju dobija vid slobodne subote, dana odsustva koji cirkuski jarbolaš provodi u društvu devojaka. Gušeći se u tim odajama koje su zapravo samo ložnica ona otvara vrata očaja prema praznini, pokretom čoveka prinuđenog da zbog ljubavi živi među lutkama. Sve žene vole jednu ženu: one bezumno vole sebe, svoje sopstveno telo koje je obično jedini oblik u kojem pristaju da nalaze lepotu. Oštre Sapfine oči gledaju dalje, dalekovidne od bola. Od mladih devojaka traži ono što kokete oče-

80

kuju od ogledala, obuzete ukrašavanjem svoga idola: osmeh koji odgovara njenom drhtavom osmehu, sve dok para sa sve bližih i bližih usana ne zamagli odraz, i ne zagreje kristal. Narcis voli ono što jeste. Sapfo gorko obožava u svojim drugaricama ono što ona nije bila. Jadna, pod teretom onog prezira koji je za umetnika naličje slave, imajući kao budućnost samo perspektive ponora, ona miluje sreću na telima svojih manje ugroženih prijateljica. Velovi pričesnica koje puštaju svoju dušu van sebe samih navode je na sanjarenje o nekom prozračnijem detinjstvu koje nije bilo njeno, jer kad iluzije minu i dalje se, ipak, pripisuje drugome bezgrešno detinjstvo. Bledilo devojaka budi u njoj gotovo neverovatnu uspomenu na devičanstvo. U Girini je volela oholost, i ponižavala se da joj ljubi noge. Ljubav prema Anaktoriji imala je ukus uštipaka kada se jedu u velikim zalogajima na narodnim slavama, vašarski napirlitanih drvenih konja, plasta sena što golica potiljak lepe devojke dok leži. U Atisi, volela je nesreću. Atisu je srela u jednom velikom gradu, zagušljivom od daha njegovih ljudskih gomila i rečnih isparenja; njena su usta odisala mirisom upravo sažvakane bonbone od đumbira; tragovi čađi lepili su se za njene uplakane obraze; trčala je po mostu, odevena u lažno krzno od vidre, s probušenim cipelama na nogama; njeno lice mlade koze bilo je puno neke unezverene blagosti. Da bi objasnila svoje stisnute usne, blede poput ožiljka od rane, svoje oči nalik obolelim tirkizima, Atisa je duboko u svome sećanju imala tri različite priče koje su, u svakom slučaju, bile samo tri lica iste nesreće: prijatelj s kojim je uobičajavala da izlazi nedeljom napustio ju je zato što se, jedne večeri, u nekom taksiju, vraćajući se iz pozorišta, nije prepustila njegovom milovanju; neka mlada devojka, koja joj je ustupila ležaj da bi spavala u uglu njene studentske sobe, oterala ju je s lažnom optužbom da je htela da joj preotme srce njenog verenika; najzad, otac ju je tukao. Svega se plašila: utvara, muškaraca, broja trinaest i zelenih očiju mačke. Hotelska trpezarija zasenjivala ju je poput hrama u kojem je verovala da mora da govori jedino u pô glasa; kupatilo ju je izazivalo da pljeska. Na to ćudljivo dete Sapfo troši novac prišteđen tokom godina okretnosti i neustrašivosti. Rukovodiocima cirkusa nameće tu osrednju umetnicu koja zna jedino da žonglira s buketima cveća. Zajedno obilaze piste i podijume svih glavnih gradova, koji se izmenjuju s onom pravilnošću koja je svojstvena umetnicima nomadima i beznadnim raspusnicima. Svakoga jutra, u nameštenim sobama u kojima su odsedale da bi Atisa izbegla promiskuitet svojstven hotelima punim bogatih mušterija, krpile su svoje pozorišne kostime i otkinute petlje na tesnim svilenim čarapama. Starajući se o tom bolešljivom detetu, otklanjajući s njenog puta muškarce koji bi mogli da je dovedu u iskušenje, Sapfina setna ljubav nesvesno je dobila materinski oblik, kao da je petnaest godina jalovih naslada dovelo dotle da joj napravi ovo dete. Svi mladići u smokinzima koje bi srele u hodnicima svratišta podsećali su Atisu na prijatelja za čijim odbačenim poljupcima je možda žalila: Sapfo ju je često slušala kako govori o lepom Filipovom rublju, o njegovim plavetnim dugmadima za rukave i o polici punoj nepristojnih albuma kojima je bila snabdevena njegova soba u Čelsiju, pa je konačno o tom strogo odevenom poslovnom čoveku imala sliku podjednako jasnu kao i o ono nekoliko ljubavnika koje nije mogla a da ne uvede u svoj život: ona ga rasejano odloži među svoje najgore uspomene. Malo-pomalo Atisini kapci poprimiše ljubičaste prelive; odlazi da na pošti traži pisma za nju koje cepa posle čitanja; izgleda neobično dobro upućena u poslovna putovanja koja bi mladića mogla da prinude da svoj put slučajno ukrsti s njihovim putem siromašnih nomada. Sapfo pati što Atisi može da pruži samo pribežište u zapećku života, i što jedino strah od ljubavi drži o njeno snažno rame oslonjenu krhku glavicu. Gorka od mnogih suza koje je imala srčanosti da nikada ne prolije, ova žena zna da svojim prijateljicama može da ponudi jedino milovanje od nevolje; njeno jedino izvinjenje je u tome da sebi govori kako ljubav, u svim svojim oblicima, ionako nema ništa bolje da ponudi drhtavim stvorenjima, i da bi

82

Atisa, udaljivši se, imala malo prilika da se više približi sreći. Jedne se večeri Sapfo vrati iz cirkusa kasnije nego obično, s punim naručjem cveća koje je skupljala samo da bi njime obasula Atisu. Dok je prolazila, domarka načini grimasu različitu od onih koje je pravila ostalih dana; spirala stepeništa iznenada poče da liči na prstenasto uvijenu zmiju. Sapfo zapazi da boca od mleka nije na brisaču, svom uobičajenom mestu; već u predsoblju nanjuši miris kolonjske vode i svetlog duvana. U kuhinji utvrdi odsustvo one Atise koja je bila zauzeta pečenjem paradajza; u kupatilu, izostanak nage devojčice koja se igra s vodom; u spavaćoj sobi, otmicu Atise spremne da se prepusti tešenju. Pred ormarom s ogledalom na široko raskriljenim vratima, zaplaka nad iščezlim rubljem voljene devojke. Plavo dugme za rukav koje je ležalo na podu bilo je potpis autora ovog odlaska, za koji Sapfo ustrajno verovaše da nije večan, iz straha da ga ne bi mogla podneti a da ne umre. Ona iznova počinje da sama tapka po gradskim pistama, požudno tragajući po najrazličitijim svratištima za licem koje njena sumanutost pretpostavlja svim telima. Posle nekoliko godina, jedna od turneja po Levantu dovodi je u Smirnu; doznaje da tu Filip sada rukovodi jednim preduzećem za preradu istočnjačkog duvana; upravo se oženio nekom pozamašnom i bogatom ženom koja ne bi mogla biti Atisa: o napuštenoj devojci se govori da je stupila u jednu plesačku trupu. Sapfo obilazi levantinske hotele u kojima je svaki portir na svoj način drzak, bestidan, ili uslužan; mesta za zadovoljstvo u kojima su mirisi zatrovani zadahom znoja, kafane u kojima otupljivanje u alkoholu i ljudska toplota ne ostavljaju drugi trag sem vlažnog kruga od čaše na stolu od crnog drveta; pretražuje čak i skloništa Vojske spasa u uzaludnoj nadi da će pronaći jednu ojađenu Atisu, spremnu da se preda ljubavi. U Stambolu slučaj je navodi da svake večeri seda za sto pored nekog nemarno odevenog mladića koji se predstavlja kao službenik putničke agencije; njegova pomalo prljava ruka tromo mu podbočuje tužno čelo. Razmenjuju onih nekoliko banalnih reči koje često služe između dva bića kao mostić do ljubavi. Veli da se zove Faon, i da je navodno sin neke Grkinje iz Smirne i mornara u britanskoj floti: Sapfino srce snažno zakuca kad začuje, eto još jednom, taj slatki naglasak koji je tako često ljubila na Atisinim usnama. Za sobom on ima uspomene na bežanje, bedu i opasnosti koje nemaju veze s ratovima nego su više, kriomice, u rodu sa zakonima njegovog sopstvenog srca. Izgleda da i on pripada ugroženoj vrsti, kojoj nestalni i vazdan privremeni oproštaj dopušta da ostane u životu. Taj mladić bez dozvole boravka ima samo svoje brige: on je krijumčar, trgovac morfijumom, možda doušnik tajne policije; živi u svetu zavereničkih sastanaka i lozinki u koji Sapfo ne ulazi. Nije mu potrebno da joj priča svoju povest da bi se među njima uspostavilo bratstvo po nesreći. Ona mu priznaje svoje suze; neprestano mu govori o Atisi. On veruje da ju je upoznao: maglovito se seća da je u nekom kabareu u Peri video golu devojku koja žonglira s cvećem. On ima mali čamac na jedro s kojim nedeljom šeta po Bosforu; zajedno tragaju po svim zabačenim kafanama duž obale, po svim ostrvskim gostionicama, po svim porodičnim pansionima na azijskoj obali u kojima životari nekoliko siromašnih strankinja. Sedeći na krmi, u treptavoj svetlosti fenjera, Sapfo gleda to lepo lice mladog mužjaka koji je sada njeno jedino ljudsko sunce. U njegovim crtama pronalazi izvesna obeležja, nekada voljena kod mlade pobegulje: ista nabrekla usta koja izgledaju kao da ih je ubola neka tajanstvena pčela, isto malo i teško čelo ispod drukčije kose koja ovaj put izgleda kao da je umočena u med, iste oči nalik na dva duguljasta zamućena tirkiza, ali uglavljene u preplanulo umesto u modrikasto lice, tako da bledunjava crnka izgleda kao da je bila samo izgubljeni voštani odlivak ovog bronzanog i zlatnog boga. Začuđena, Sapfo polagano shvata da je sve sklonija tim ramenima strogim kao trapezna prečaga, tim rukama očvrsnulim od stalnog dodira s veslima, čitavom tom telu u kojem je tačno onoliko ženske nežnosti koliko je potrebno da bi bilo voljeno. Ležeći na dnu barke, prepušta se novim damarima talasa koji seče ovaj skeledžija.

O Atisi mu govori još samo da bi mu rekla da mu je za-
bludela devojka nalik, ah manje lepa: Faon s nemirnom
radošću pomešanom s ironijom prihvata te izraze odano-
sti. Ona pred njim cepa pismo u kojem joj Atisa obećava
da će joj se vratiti, pri čemu se čak nije ni postarala da
pročita adresu pošiljaoca. Posmatra je šta čini s neprimet-
nim osmehom na drhtavim usnama. Prvi put ona zanema-
ruje veštine svoga strogog zanata; prekida svoje vežbe
koje svaki mišić stavljaju pod kontrolu duše; večeraju za-
jedno; nečuveno za nju, jede donekle i suviše. Ostaje joj
još samo nekoliko dana s njim u tom gradu iz kojeg je te-
raju njeni ugovori koji je prisiljavaju da lebdi na drugim
nebima. Pristaje, najzad, da s njom provede to poslednje
veče u malom stanu koji je zakupila blizu luke. Ona po-
smatra kako se to biće nalik glasu u kojem se mešaju ja-
sne i duboke note kreće tamo-amo po zakrčenoj sobi. S
nesigurnim pokretima, kao da se plaši da ne slomi neku
krhku iluziju, Faon se znatiželjno naginje nad Atisinim
portretima. Sapfo sedi na bečkom ležaju prekrivenom tur-
skim vezom; stavlja svoje lice među njegove ruke kao da
se trudi da s njega izbriše tragove svojih uspomena. Ta že-
na koja je dotle na sebe preuzimala izbor, ponudu, za-
vođenje, zaštitu svojih lomnijih prijateljica, opušta se i
gubi najzad, blago prepuštena težini sopstvenog pola i
sopstvenog srca, srećna što ubuduće kod ljubavnika ima
da učini samo pokret prihvatanja. Osluškuje kako mladić
tumara u susednoj sobi u kojoj se belina postelje raspro-
stire poput nade koja uprkos svemu ostaje čudesno otvo-
rena; čuje ga kako otpušava bočice na toaletnom stočiću,
kako pretura po ladicama sa sigurnošću kradljivca ili bli-
skog prijatelja koji veruje da mu je sve dozvoljeno, kako
otvara, najzad, oba krila ormara u kojima su njene haljine
obešene poput samoubica, izmešane s nekoliko čipkanih
traka zaostalih od Atise. Iznenada se neki svilasti šum, na-
lik ježenju od utvara, približava kao milovanje koje bi
moglo da natera na vrisak. Ona se diže, osvrte: voljeno bi-
će se umotalo u plašt koji je Atisa ostavila za sobom u tre-
nutku odlaska: muslin na goloj koži ističe skoro žensku

lepršavost plesački dugih nogu; oslobođeno izrazito muške odeće, ovo gipko i glatko telo gotovo je telo žene. Udobno prerušeni Faon još je samo zamena divne odsutne nimfe; to je još samo mlada devojka koja joj prilazi sa žuboravim smehom. Izbezumljena Sapfo trči bezglavo prema vratima, beži od te aveti od krvi i mesa koja bi mogla da joj ponudi samo iste tužne poljupce. Trči ulicama po kojima su posejani otpaci i rasuto smeće i koje vode prema moru, juri među uzburkana tela. Zna da je nikakav susret ne može spasti, pošto jedino tamo kud ide može opet da nađe Atisu. To bezmerno lice zatvara joj sve otvore koji ne vode u smrt. Spušta se veče nalik zamoru koji će joj pobrkati sećanje; malo krvi ostaje na zapadnoj strani. Odjednom zazvučaše cimbala, kao da ih je groznica dotakla u njenom srcu: ne zapazivši, ustaljeni običaj ju je odveo prema cirkusu u vreme kada se ona svake večeri bori s anđelom vrtoglavice. Poslednji put ona se zanese od tog mirisa zverke, zverke njenog života, od te neizmerne i neusaglašene muzike kakva je muzika ljubavi. Garderoberka otvori Sapfi njenu sobicu osuđenice na smrt: razgoliti se kao da se nudi Bogu; istrlja se nekom belom mašću koja je već preobrazi u utvaru; na brzinu veza oko svoga vrata ogrlicu koja joj beše uspomena. Najavljivač odeven u crno dođe da je upozori da je njen čas kucnuo: ona se uzvera uz končane lestve do svojih nebeskih vešala: pobeže u visinu pred porugom da je mogla da poveruje da je neki mladić uopšte postojao. Iščupa se iz vašarskih reklama prodavaca oranžade, iz cijuka male ružičaste dece, iz suknji plesačica, iz hiljadu petlji ljudskih mreža. Pope se jednim zamahom iz krsta na jedinu tačku oslonca koju joj dopušta njena ljubav prema samoubistvu: prečaga trapeza uravnotežena usred praznine pretvori u pticu ovo umorno biće koje je samo dopola žena; zakačena jednom nogom, kao Alkion nad sopstvenim ponorom, ona zaplovi pred očima gledalaca koji ne veruju u nesreću. Njena joj spretnost odmaže: uprkos svojim naporima, one ne uspe da izgubi ravnotežu: podozrivi konjušar, Smrt je vrati u sedlo na sledećem trapezu. Pope se, najzad, iznad dometa svetiljki: gledaoci nisu više mogli da joj aplaudiraju, jer je više nisu ni videli. Zakačena za užad s kojima se podešava svod išaran oslikanim zvezdama, njena jedina mogućnost još da sebe nadigra jeste da probije svoje nebo. Vetar vrtoglavice izazva pod njom škripu konopaca, čekrka, vitlova njene od sada savladane sudbine; prostor se zaklati i zanjiše kao na moru kada se, dok duva severac, nebeski svod osut zvezdama zaljulja među jarbolima. Muzika odozdo samo je još veliki glatki val koji plavi sve uspomene. Njene oči više ne razlikuju crvene od zelenih svetionika; plavi projektori koji metu crnu gomilu tu i tamo tek izazovu svetlucanje nagih ramena žena sličnih oblim hridima. Grčevito pričvršćena za svoju smrt kao za neki greben, Sapfo bira stranu na koju će pasti i gde je petlje mreže neće zadržati. Jer, njen udes akrobate zauzima samo polovinu ogromne mutne cirkuske arene: u njenom drugom delu klovnovi produžavaju svoje tuljanske igre na pesku i tu ništa nije pripremljeno da je omete u umiranju. Sapfo zaranja, raširenih ruku kao da želi da zagrli polovinu beskraja, ostavljajući za sobom ravnomerno njihanje jednog konopca kao dokaz svog polaska s neba. Ah, oni koji promašuju svoj život izlažu se takođe opasnosti da promaše i svoje samoubistvo. Njen kosi pad nailazi na svetiljku sličnu ogromnoj plavoj meduzi. Nesmotrenu, ali nepovređenu, udar odbacuje zaludnu samoništiteljku prema mrežama u kojima se hvata i rastire svetlosna pena; petlje se povijaju ali ne ustupaju pod teretom toga kipa upecanog iz dubina neba. I još ostaje samo da se žurno na pesak izvuče to telo od belog mramora, koje blista od znoja poput utopljenice izvađene iz morske vode.

Neću se ubiti. Mrtve prebrzo zaboravljaju.

*

Sreća se gradi samo na temeljima očaja. Verujem da ću moći početi sa građenjem.

*

Neka niko ne bude optužen za moj život.

*

Nije u pitanju samoubistvo. U pitanju je samo da se potuče rekord.

O PISCU I DELU

U prvoj priči iz zbirke *Priče sa Istoka* Margerit Jursenar govori se o starom slikaru Vang-fou. Kineski vladar je naredio da slikaru budu odsečene ruke do lakata i bude oslepljen usijanim gvožđem. Car je bio ljubomoran na slikara zato što je ovaj bio voljen u narodu zbog sposobnosti da slikajući svet učini ga lepšim od stvarnog. Čak je naložio da i slikarevom učeniku Lingu, koji je pratio starog majstora, bude odrubljena glava pred očima njegovog učitelja. Pre nego što će Vang-fo biti oslepljen i ruke mu odsečene, car koji je i sam bio zaljubljenik u umetnost prisilio je slikara da naslika svoju poslednju sliku. Vang-fo je naslikao more, a na moru po kojem su vitlali svi vetrovi sveta malenu barku koja se ljuljala na talasima. More je bilo silovito, reklo bi se da je dosezalo da same carske palate i plavilo prestonu dvoranu. Onda je stari slikar uzeo za ruku svog učenika Linga, kome je glava bila odrubljena, i oni su se popeli na barku, i obojica zauvek nestala na morskoj pučini koja je leskala kao plavetni žad i koju je, eto, maločas Vang-fo stvorio. Mogli bismo reći da je u ovoj priči dočaran put koji se mora preći da bi se umetnost i život stopili u jedno, da bismo dosegli istinsku stvarnost s božanskim u njoj.

Ako je iko od pisaca dvadesetog stoleća uspeo u tome, onda je to svakako bila upravo Margerit Jursenar (rođena kao Margerit de Krajenkur 1903. godine u Briselu, preminula 1987. godine u Bar Harboru, SAD). Prvenstveno poznata kao romansijerka (romani *Hadrijanovi memoari* i *Crna mena*), Jursenar je autor neuporedivih priča, eseja i prevoda (grčkog pesnika Kavafija, du-

89

hovnih pesama američkih Crnaca...), a među svim tim se ističe delo *Vatre*, koje se kao poema u prozi koleba između poezije i pripovedanja. U njemu se u najčistijem vidu stiču istorija, mit i ljubav, naime elementi od kojih je i sačinjena najdalekosežnija materija njenog ukupnog opusa. Možemo i podjednako reći da je u pitanju zbirka u kojoj se spisateljica više nego i u jednoj od svojih ostalih knjiga takoreći razgolićuje, otvara do kraja, odvažno izlaže neke svoje lične, tajnstvene rane. Njena sklonost ka antičkom svetu, s jedne strane, spretnost da kombinuje moderno i tradicionalno, postali su ovde zalog izvesnog ljubavnog vapaja, nezaboravnog i uzbudljivog. *Vatre* su prvi put objavljene 1936. godine, kao oblik da se preboli jedna ljubav, ali ostale su uvek aktualne, ne samo za onu koja ih je napisala nego za sve nas koji verujemo da je ljubav, s bolima i radostima, najviši oblik čovekovog života, kao i da njena mnogostrukost u raznolikim tačkama strasti ima intenzitet kao zajednički imenilac.

Nesumnjivo je da u svakom delu ove izvanredne knjige prepoznajemo intenzitet kojim je nadahnuto nošena, ali u isti mah taj intenzitet kao da je uravnotežen izvesnim meditativnim aspektom koji teži ka askezi. Postoji neka pobožnost i poniznost, istina bezmalo čulne, koje prožimaju narativnu poeziju Margerit Jursenar. Nije li upravo taj element onaj kojeg je spisateljica, kao prva žena izabrana u Francusku akademiju, dok je besedila u pohvalu Rožeu Kajoau, istakla kao vrlinu nekog ko se pita o strogosti istraživanja istorije i vrtoglavoj ekstazi uranjanja u mit i njegovog preporađanja. Da, jer takvo je bilo njeno viđenje ljubavi i samog umetničkog, književnog stvaranja. I zbog toga pisanje nije nikad krik čistog gubitka, nego večito obnavljanje materije koju nazivamo život. To je život koji gori u *Vatrama*.

SADRŽAJ

Izdavačko preduzeće
RAD
Beograd, Dečanska 12

*

Glavni urednik
NOVICA TADIĆ

*

Grafički urednik
MILAN MILETIĆ

*

Nacrt za korice
JANKO KRAJŠEK

*

Nacrt za korice
JANKO KRAJŠEK

Digitalizacija slova i korice
DARKO STANIČIĆ

*

Za izdavača
SIMON SIMONOVIĆ

*

Štampa
Elvod-print, Lazarevac

CIP – Каталогизација у публикацији
Народна библиотека Србије, Београд

840-3

ЈУРСЕНАР, Маргерит

    Vatre / Margerit Jursenar ; [s francuskog preveo Jovica Aćin]. – Beograd : Rad, 2001 (Lazarevac : Elvod-print). – 91 str. ; 21 cm. – (Reč i misao ; knj. 521)

Prevod dela: Feux / Marguerite Yourcenar. – O piscu i delu: str. 89–90.

ISBN 86-09-00741-3

ID=92320780